TaschenGuides wissen müssen

Für alle, die wenig Zeit haben und erfahren wollen, worauf es ankommt. Für Einsteiger und für Profis, die ihre Kenntnisse rasch auffrischen wollen.

Sie sparen Zeit und können das Wissen effizient umsetzen:

Kompetente Autoren erklären jedes Thema aktuell, leicht verständlich und praxisnah.

In der Gliederung finden Sie die wichtigsten Fragen und Probleme aus der Praxis.

Das übersichtliche Layout ermöglicht es Ihnen sich rasch zu orientieren.

Anleitungen „Schritt für Schritt", Checklisten und hilfreiche Tipps bieten Ihnen das nötige Werkzeug für Ihre Arbeit.

Als Schnelleinstieg die geeignete Arbeitsbasis für Gruppen in Organisationen und Betrieben.

Besuchen Sie uns im Internet: http://taschenguide.de

Hier finden Sie Arbeitsmittel zum Downloaden und können Ihre Meinung direkt an die TaschenGuide-Redaktion mailen. Wir freuen uns auf Ihre Anregungen.

Ihr STS Verlag
Fraunhoferstraße 5 – 82152 Planegg
Fon 0 89 / 8 95 17-2 22
Fax 0 89 / 8 95 17-2 90

Inhalt

Vorwort

Mit Investmentfonds können Sie als Kleinanleger gehörig am Börsengeschehen mitverdienen, auch ohne tiefer ins Aktien-Knowhow einzusteigen. Aber auch wenn die Sparform bequem ist: Ein wenig Grundwissen braucht man schon, um unter den Tausenden von Fonds die maßgeschneiderte und erfolgversprechende Anlage zu finden.

Dieser TaschenGuide erklärt Ihnen, welche gängigen und neueren Formen der Fondsanlage Ihnen angeboten werden, wie sie bewertet werden und wo ihre jeweiligen Vorteile liegen. Sie erfahren, wie Sie langfristig sparen können, wann Vater Staat die Hand aufhält und welche Zuschüsse Sie bekommen. Erarbeiten Sie sich Ihre persönliche Anlagestrategie, indem Sie Performance, Fondskennzahlen und Ratings richtig einschätzen lernen. Sie sollten auch wissen, was Fondsshops, Fondsgesellschaften und Direktbanken Ihnen bieten können und welche Vorteile und Risiken Fonds-Picking, Dach- und Auslandsfonds haben. Und zuguterletzt: Bevor Sie Beratern blind vertrauen, sollten Sie wissen, worauf beim Kauf zu achten ist, welche Gebühren anfallen und wo Sie Kosten sparen können. Nützliche Adressen, Beispiele und Checklisten runden diesen Ratgeber ab. Viel Glück auf Ihrem Weg zum individuellen Vermögensaufbau wünschen

Paul Lauer und Matthias Reinhardt

Auf dem Weg zum Investmentprofi

Investmentfonds sind eine bequeme Anlageform für alle, die nicht tiefer in das Börsengeschehen einsteigen wollen. Auf den folgenden Seiten erfahren Sie das nötige Grundwissen – von Aktienfonds bis Zinseinnahmen.

Was ist ein Investmentfonds?

Die Investmentfondsbranche in Deutschland befindet sich in einem enormen Aufschwung. Ende 1999 verwalteten die rund 1 550 deutschen Publikumsfonds insgesamt 720 Mrd. DM, so viel Geld wie noch nie. Investmentfonds sind die klassische Anlageform für den Kleinanleger, der weder den großen Geldbeutel noch das notwendige Fachwissen besitzt, um alleine von den attraktiven Renditechancen an den internationalen Finanzmärkten profitieren zu können.

Grundgedanke: große Chancen für Kleinanleger

Die Idee der Investmentanlage ist nun fast schon 150 Jahre alt. Sie geht zurück auf Anfänge in der Schweiz, in Schottland und in England. Dort wurden in der zweiten Hälfte des 19. Jahrhunderts erste Investmentgesellschaften gegründet.
Der Grundgedanke, der zur Gründung dieser Fondsgesellschaften führte, ist bis heute der gleiche geblieben: Ziel eines Investmentfonds ist es immer, für Kleinanleger die Chancengleichheit herzustellen gegenüber großen Investoren. Denn Letztere verfügen zum einen über enorme Anlagebeträge, die sie aus Gründen der Risikostreuung auf eine größere Zahl von Anlageformen verteilen können, zum anderen haben sie auch ganz andere Möglichkeiten, sich das entsprechende Fachwissen zur optimalen Verwaltung des Vermögens zu besorgen. Dagegen hat der Kleinanleger weder die hohen Ersparnisse, die für eine sinnvolle Streuung notwendig sind, noch kann er

sich das entsprechend teure Know-how zur optimalen Anlage seines Geldes leisten.
Ein Investmentfonds kann diesen Engpass überwinden. Denn ein Fonds ist im Prinzip nichts anderes als ein Spartopf, in dem die Ersparnisse vieler Anleger eingesammelt werden. Dieser Spartopf wird von einem professionellen Management verwaltet. Der Vorteil dabei: Das Fondsmanagement kann das eingesammelte Geld auf viele Anlageformen streuen, damit die Risiken von Verlusten geringer werden. Gleichzeitig kann er sich kostengünstig das notwendige Fachwissen besorgen, um die Ersparnisse der Anleger an den Finanzmärkten optimal anzulegen.

Die Vorteile von Investmentfonds

Vorausgesetzt, das Fondsmanagement arbeitet professionell, hat der Kleinanleger folgende Vorteile:

- Er braucht sich im Detail nicht mehr um sein angelegtes Geld zu kümmern.
- Er profitiert von vielfältigen Renditechancen an den Kapitalmärkten.
- Mit der Streuung des Fondsvermögens auf viele Wertpapiere können allzu starke Kursschwankungen vermieden werden.
- Ein Totalverlust des eingesetzten Kapitals ist anders als beispielsweise bei einer Direktanlage in Aktien kaum möglich.
- Er kann seine Fondsanteile jederzeit wieder zurückgeben, wenn er seine Ersparnisse zum Beispiel für den Kauf eines neuen Autos benötigt

Fonds sind vor Kursverlusten nicht gefeit

Manche Berater macht Ihnen Investmentfonds besonders gerne mit dem Hinweis auf die Risikostreuung des angelegten Geldes schmackhaft. Lassen Sie sich dabei aber nicht auf die falsche Fährte führen: Trotz der Risikostreuung sind auch Investmentfonds gegen heftige Kursschwankungen gerade an den Aktienmärkten nicht immun. Denn nur die wenigsten Fondsmanager haben den richtigen Riecher dafür, dass es zu einem Crash kommt, und steigen rechtzeitig aus. Auch Fondsanleger müssen manchmal zumindest für eine gewisse Zeit mit empfindlichen Kursverlusten leben können.

Die gesetzlichen Grundlagen der Investmentfonds

Die Idee der Investmentanlage fasste in Deutschland im Gegensatz zu den angelsächsischen Ländern erst spät Fuß. Zwar wurde schon 1949 mit der Adig, einem Tochterunternehmen der Commerzbank, die erste Investmentgesellschaft im Nachkriegs-Deutschland gegründet, aber die gesetzlichen Grundlagen für die Arbeit von Investmentgesellschaften in Deutschland wurden erst 1957 mit dem Gesetz über Kapitalanlagegesellschaften – kurz KAGG – geschaffen. Der Begriff der Kapitalanlagegesellschaft steht dabei für den in der Umgangssprache geläufigen Begriff der Investmentgesellschaft.

Ihre Sicherheit: Vorrang für Anlegerschutz

Das KAGG enthält eine Vielzahl von Vorschriften, die den Investmentgesellschaften genau vorgeben, wie sie das Geld der

Anleger zu verwalten haben. Ziel des KAGG ist dabei vor allem der Schutz der Anleger vor Vermögensverlusten.
Das KAGG enthält deshalb unter anderem folgende wichtige Bestimmungen:

- Investmentgesellschaften werden als Kapitalsammelstellen definiert. Das bedeutet, dass sie rechtlich den Banken gleichgestellt sind und somit auch der Kontrolle des Bundesaufsichtsamtes für das Kreditwesen unterliegen.
- Die Vertragsbedingungen für jeden Fonds müssen vom Bundesaufsichtsamt geprüft und genehmigt werden.
- Für jeden Investmentfonds ist eine vom Bundesaufsichtsamt überwachte Depotbank zu bestellen. Sie verwahrt das Vermögen des Investmentfonds getrennt vom Vermögen der Kapitalanlagegesellschaft. Damit ist gewährleistet, dass das Geld, das der Anleger in den Spartopf („das Sondervermögen") eingezahlt hat, nicht vermischt werden kann mit dem Vermögen der Investmentgesellschaft. Damit gehört das Fondsvermögen auch nicht zur Haftungsmasse, falls eine Fondsgesellschaft in Konkurs geht – das Geld fließt in einem solchen (unwahrscheinlichen) Fall ohne Abstriche an die Anleger zurück.
- Die Fondsgesellschaften müssen das ihnen anvertraute Geld unter genau vorgegebenen Grundsätzen der Risikostreuung anlegen. Auch das kann das Bundesaufsichtsamt prüfen.
- Die Fondsgesellschaften sind berechtigt, für den Verkauf von Anteilen einen Ausgabeaufschlag zu erheben. Wie hoch dieser Aufschlag ist, muss jedoch veröffentlicht werden.

- Investmentfondsgesellschaften müssen schließlich auch in halbjährlichen und jährlichen Berichten Rechenschaft gegenüber ihren Anlegern über die Tätigkeit der Fonds abgeben.

Das KAGG erwies sich gerade in den vergangenen Jahren als nicht mehr zeitgemäß und wurde deshalb mehrfach geändert. Ziel jeweils: deutsche Investmentgesellschaften im internationalen Wettbewerb auf den Finanzmärkten zu stärken und deutschen Anlegern neue Anlageinstrumente zugänglich zu machen. Dazu gehörte unter anderem die Erlaubnis des zweiten Finanzmarktförderungsgesetzes von 1994, in Deutschland Geldmarktfonds zuzulassen.

Weitere Änderungen brachte das Dritte Finanzmarktförderungsgesetz von 1998: Unter anderem wurden Fonds für die private Vorsorge zugelassen (Altersvorsorge-Sondervermögen), ferner so genannte Dachfonds sowie Indexfonds und Aktienfonds mit begrenzter Laufzeit und Absicherung.

Was sind Investmentzertifikate?

Im KAGG ist ferner geregelt, dass die Fondsgesellschaft ihren Anlegern im Gegenzug für das einbezahlte Geld Anteilsscheine ausgeben müssen. Man nennt diese Anteile auch Investmentzertifikate. Damit wird der Anleger Miteigentümer am Fondsvermögen.

Für den Anleger hat dies einen doppelten Vorteil: Mit dem Kauf der Anteile partizipiert er an den Renditechancen des Fonds. Gleichzeitig kann der Anleger jederzeit auf sein angelegtes Vermögen zurückgreifen. Denn die Fondsgesellschaft muss die Anteile jederzeit zurücknehmen, wenn der Anleger sein Geld benötigt.

Damit ein Anleger Fondsanteile kaufen oder wieder der Gesellschaft zurückgeben kann, muss täglich der Wert der Investmentzertifikate errechnet werden. Dabei werden zwei Preise ermittelt: der Ausgabepreis, das ist der Preis, zu dem der Anleger Anteile kaufen kann, und der Rücknahmepreis, das ist der Preis, zu dem der Anleger seine Anteile an die Gesellschaft wieder zurückgeben kann.

Der feine Unterschied zwischen beiden Preisen: Der Ausgabepreis liegt in der Regel höher als der Rücknahmepreis. Daran ist der so genannte Ausgabeaufschlag schuld. Diesen Ausgabeaufschlag verlangt eine Fondsgesellschaft immer, wenn ein Anleger neuen Investmentanteile kaufen will. So sieht es auch das KAGG (siehe oben) ausdrücklich vor.

Basis für die Bildung der Preise ist der Rücknahmepreis. Er wird börsentäglich von der Investmentgesellschaft ermittelt. Dabei geht sie immer nach folgendem Schema vor:

- Zunächst werden die Tageswerte aller Vermögenswerte des Fonds ermittelt; die Wertpapiere werden dabei zum aktuellen Tageskurs bewertet, Immobilien zum so genannten Ertragswert.
- Dazu werden alle liquiden Mittel addiert und eventuelle Kosten (Management-/Depotgebühren) und Verbindlichkeiten abgezogen.
- Als Summe erhält man den Nettoinventarwert des Fonds.

- Teilt man nun diesen Betrag durch die Anzahl der ausgegebenen Anteile, so erhält man den Rücknahmepreis eines Zertifikats oder Anteilscheins.

Beispiel: Ermittlung des Rücknahmepreises
Wertpapierbestand zum Kurswert: 98 Mio. Euro
Barguthaben: 2,1 Mio. Euro
Kosten/Verbindlichkeiten: 0,1 Mio. Euro
Gesamtes Fondsvermögen: 100 Mio. Euro
Ausgegebene Anteile: 2 Mio. St.
Wert pro Anteil: 50 Euro (100 Mio. : 2 Mio. Anteile).

Wenn ein Anleger also im obigen Beispiel 100 Fondsanteile an diesem Tag verkaufen will, erhält er den Gegenwert von 5 000 Euro zurück. Anders sieht es beim Kauf von Anteilen an diesem Tag aus: Angenommen, die Fondsgesellschaft erhebt einen Ausgabeaufschlag von 5 Prozent (= 2,50 Euro je 50-Euro-Anteil), so muss der Anleger 52,50 Euro pro Anteil hinlegen. 100 Anteile würden also 5 250 Euro kosten.

Fondskurse werden täglich veröffentlicht

Die Preise von Investmentanteilen werden täglich in der Tagespresse veröffentlicht. Ausführliche Kursübersichten haben das Handelsblatt, die Frankfurter Allgemeine, die Süddeutsche Zeitung und die Welt. Aber auch viele Regional-Zeitungen veröffentlichen in ihren Börsenkurszetteln die Preise der wichtigsten Investmentfonds. Im Internet bietet zum Beispiel die Seite http://www.fondsweb.de aktuelle Fondskurse. Wichtig außerdem: Seit dem 1. Januar 1999 werden Ausgabe- und Rücknahmepreise nur noch in Euro ermittelt.

Welche Arten von Investmentfonds gibt es?

In Deutschland sind nahezu 4 000 Investmentfonds zum öffentlichen Vertrieb zugelassen. Sie decken praktisch das ganze Angebot an Anlagemöglichkeiten ab, das es an den internationalen Finanzmärkten gibt. Diese Investmentfonds legen das Geld der Anleger in den verschiedensten Arten von Wertpapieren an. Das können Aktien, festverzinsliche Wertpapiere, Optionsscheine, Optionen, Wandelanleihen bis hin zu so genannten Futures (Finanzterminkontrakte) sein.

Investmentfonds werden in der Regel nach ihrem jeweiligen Anlageschwerpunkt unterschieden. Aber in den vergangenen Jahren sind zahlreiche Fondsinnovationen hinzugekommen, die sich nicht mehr nur einfach nach ihrem Anlageschwerpunkt einordnen lassen. Die folgenden Abschnitte geben deshalb zunächst einen Überblick über die Fonds mit verschiedenen Anlageschwerpunkten und daran anschließend die wichtigsten Fondsinnovationen.

Investmentfonds mit Anlageschwerpunkt Aktien

Aktienfonds spielten in Deutschland hinter den Rentenfonds lange Zeit die zweite Geige. Denn die Aktienanlage war bei den deutschen Anlegern nicht beliebt. Der Grund liegt auf der Hand: Die Preise der Fondsanteile unterliegen wegen des ständigen Auf und Ab an den Aktienmärkten ebenfalls mehr oder weniger heftigen Kursschwankungen.

Der anhaltende Kursaufschwung der vergangenen Jahre hat aber inzwischen auch bei den Bundesbürgern zur Erkenntnis geführt, dass Aktien unter Renditeaspekten den meisten anderen Sparformen klar überlegen sind. Nicht zuletzt deswegen flossen Aktienfonds in den vergangenen Jahren erhebliche Mittel zu. Insgesamt verwalten deutsche Investmentgesellschaften mit ihren rund 660 Aktienfonds rund 215 Mrd. Euro.

Wie der Name schon sagt, setzen diese Fonds bei der Anlage der Fondsersparnisse schwerpunktmäßig auf Aktien. Aktienfonds ist jedoch nicht gleich Aktienfonds. Je nach Anlagestrategie unterscheidet man nach folgenden Arten:

- Deutsche Aktienfonds: Sie setzen fast ausschließlich auf deutsche Aktien und sind somit vom Wohl und Wehe der deutschen Börse abhängig.
- Europäische Aktienfonds: Sie haben die Aktien an den europäischen Börsen im Visier. Der Vorteil: Die Entwicklung dieser Fonds hängt nicht von der Börse eines bestimmten europäischen Landes ab.
- International anlegende Aktienfonds: Sie investieren die ihnen anvertrauten Ersparnisse weltweit an ausgewählten Börsen. Sie sind damit weder von einer Landesbörse noch von einer einzelnen Region abhängig. Bei diesen weltweit anlegenden Fonds ist die Risikostreuung damit am besten gewährleistet.

Trend: Deutsche Aktienfonds sind „out"

Unter langfristigen Anlagegesichtspunkten sind international anlegende Aktienfonds erste Wahl. Anders als rein auf deutsche Aktien ausgerichtete Fonds sind sie unabhängiger von der Entwicklung der Kurse eines Aktienmarktes und liefern deshalb stetigere Ergebnisse. Als Alternative kommen auch europäisch anlegende Aktienfonds in Frage. Ein Umschichten von deutschen Aktienfonds in Euro-Fonds ist auf alle Fälle empfehlenswert, da Sie als Anleger damit langfristig am besten von den wirtschaftlichen Perspektiven des zusammenwachsenden Europas profitieren. Deutsche Aktienfonds sind dagegen längerfristig eine sterbende Gattung.

Spezielle Aktienfonds

Unter den Aktienfonds haben sich ferner verschiedene spezielle Fonds herausgebildet, die sich auf ganz bestimmte Anlagestrategien festgelegt haben:

- Branchenfonds: Ihr wesentliches Merkmal ist, dass sie sich auf die Aktien bestimmter Branchen konzentrieren. Dazu gehören vor allem Technologie-, Internet-, Biotechnologie-, Rohstoff- und Energiefonds.

- Länder- und Regionenfonds: Sie konzentrieren sich auf die Aktien einzelner Länder oder Regionen. Besonders beliebt sind die so genannten Emerging-Market-Fonds. Das sind Aktienfonds, die auf die Märkte der aufstrebenden Regionen wie Asien, Osteuropa oder Lateinamerika setzen.

- Small-Cap-Fonds: Sie konzentrieren sich auf die Aktien kleinerer und mittlerer Unternehmen sowohl national als auch international.

Vorsicht, Risiko steigt enorm!

Wenn Sie auf Aktienfonds mit speziellen Anlagestrategien setzen, haben Sie zwar oftmals die Chancen auf überproportionale Renditen, aber um den Preis eines erhöhten Risikos. Denn die einseitige Ausrichtung dieser Fonds kann sich in schlechten Börsenzeiten besonders nachteilig auswirken. Für diese Fonds sollten Sie also gute Nerven mitbringen.

Fonds mit Schwerpunkt Rentenanlagen

Die zweite große Gruppe neben den Aktienfonds bilden die Rentenfonds. Sie investieren das Geld der Anleger in festverzinsliche Wertpapiere („Rentenanlagen"). Sie sind bei den deutschen Sparern nach wie vor sehr beliebt. Rentenfonds investieren in Staatsanleihen, Anleihen von staatlichen und internationalen Organisationen, Unternehmensanleihen oder auch Genussscheine (ein Zwitterwertpapier zwischen Aktie und Anleihe). Sie werden wie Aktienfonds je nach Anlagestrategie unterschieden:

- Deutsche Rentenfonds:

  Sie legen das Geld der Anleger ausschließlich in deutsche festverzinsliche Wertpapiere an (Bundeswertpapiere, Pfandbriefe etc.). Diese Fonds gelten als eine der sichersten Anlagen. Denn außer relativ geringen Kursschwankungen gibt es so gut wie keine Risiken. Das Problem: Geringes Risiko bedeutet meist auch geringer Ertrag.

- Europäische Rentenfonds:

  Ihr Betätigungsfeld sind die festverzinslichen Wertpapiere in Europa. Sie bieten meist eine etwas höhere Wertentwicklung als deutsche Rentenfonds.

- International anlegende Rentenfonds:

  Sie kaufen weltweit festverzinsliche Wertpapiere für ihre Fonds ein. In der Vergangenheit erwirtschafteten diese Fonds ebenfalls oft bessere Ergebnisse als ihre ausschließlich auf deutsche Papiere ausgerichteten Pendants. Der Grund: In anderen Ländern, besonders in den so genannten Weichwährungsländern, konnten diese Fonds beim Kauf von Anleihen teilweise sehr hohe Zinserträge kassieren. Aber Vorsicht: Es drohen im Gegenzug Währungsverluste. Bei einem international anlegenden Rentenfonds kann es also durchaus vorkommen, dass der Anleger vorübergehend auf Verlusten sitzen bleibt.

- Geldmarktfonds:

  Sie sind in Deutschland zwar erst seit 1994 zugelassen, gehören aber inzwischen zum unverzichtbaren Standardrepertoire. Sie legen des Geld der Anleger ausschließlich in festverzinsliche Anlagen mit einer Laufzeit von bis zu einem Jahr an. Damit sind sie für viele Anleger eine hervorragende und auch preisgünstige Alternative zur Festgeldanlage geworden. Denn weil die Fonds hohe Anlagebeträge investieren, können sie bei den Banken eine etwas höhere Verzinsung herausschlagen als etwa ein Anleger, der 10 000 DM bei einer Bank als Festgeld anlegen will. Neben Geldmarktfonds, die ausschließlich auf deutsche Anlagen setzen, gibt es international anlegende Geldmarktfonds.

Anlagestrategie: Euro-Rentenfonds bevorzugen!

Mit der Einführung des Euro lohnt es sich endgültig nicht mehr, auf deutsche Rentenfonds zu setzen. Da mit der gemeinsamen Währung einerseits ein einheitlicher europäischer Rentenmarkt entsteht, andererseits auch keine Währungskursrisiken mehr anfallen, sollten Sie bei der Anlage in Rentenfonds auf solche Fonds setzen, deren Anlagestrategie auf europäische festverzinsliche Wertpapiere ausgerichtet ist. Dabei winken höhere Renditen – ohne zusätzliches Währungsrisiko.

Spezielle Rentenfonds

Neben deutschen, europäischen und international anlegenden Rentenfonds haben sich eine Reihe von speziellen Rentenfondsarten herausgebildet:

- Low-Coupon-Fonds:

  Diese Fonds kaufen nur niedrig verzinste Anleihen. Der Clou daran: Die Erträge erwirtschaften diese Fonds vor allem über Kursgewinne der Anleihen. Diese sind dann für den Anleger steuerfrei. Wenn Sie also Steuern sparen wollen, kommt ein solcher Fonds möglicherweise für Sie in Frage.

- High-Yield-Fonds oder Junk-Bond-Fonds:

  Das sind Rentenfonds, die ausschließlich auf sehr hoch verzinste Anleihen setzen. Der Haken dabei: Die Schuldner gelten meist nicht mehr als besonders zahlungsfähig. Die hohen Renditen werden deshalb wiederum mit höheren Risiken erkauft. Wenn Sie spekulieren wollen, sind Sie hier an der richtigen Adresse.

- Eine weitere Variante sind Fonds, die auf variabel verzinste Anleihen (Floater) setzen. Der Vorteil hierbei: Hohe Sicherheit bei einer Verzinsung, die sich immer im Marktdurchschnitt bewegt.

Der Mittelweg: gemischte Fonds

Wer sich nicht für Renten- oder Aktienfonds entscheiden kann, dem bleibt schließlich ein Mittelweg: die gemischten Fonds. Das sind Investmentfonds, die in ihrer Anlagestrategie auf Aktien und festverzinsliche Wertpapiere setzen. Dementsprechend liegen die Ergebnisse dieser Fonds meist zwischen denen von Aktien- und Rentenfonds.

Wie gut oder wie schlecht die Renditen sind, hängt bei den gemischten Fonds meist davon ab, wo sie den Schwerpunkt bei der Anlage des Fondsvermögens gesetzt haben. Gemischte Fonds, die stark auf Aktien setzen und bei der Auswahl ein glückliches Händchen gehabt haben, können beachtliche

Wertzuwächse erzielen. Gemischte Fonds, deren Anlageschwerpunkt aber auf Renten liegt, entwickeln sich entsprechend schlechter. Indes: Die Kursrisiken sind dann meist auch geringer. Gemischte Fonds werden oftmals auch als so genannte Vermögensverwaltungsfonds eingesetzt.

Bei den Mischfonds haben sich im Laufe der Jahre ferner einige Spezialitätenfonds herausgebildet:

- Wachstumsfonds mit Schwerpunkt Aktien,
- Renditefonds (mit Schwerpunkten Renten und regelmäßigen Erträgen),
- gemischte Fonds, die auch Optionen und Futures in ihrer Anlagestrategie einbauen.

Offene Immobilienfonds

Zu den Standardfonds gehören schließlich offene Immobilienfonds. Das sind Investmentfonds, die das Geld der Anleger in Grundstücke und Immobilien (vorwiegend Gewerbeimmobilien) investieren. „Offen" heißen diese Fonds deswegen, weil die Anleger börsentäglich Zertifikate solcher Fonds kaufen oder verkaufen können. Das ist bei einem Immobilienfonds nicht selbstverständlich, weil er sich anders als ein Aktienfonds, der tagtäglich Aktien an der Börse kaufen oder verkaufen kann, nicht täglich von Immobilien, zum Beispiel einem Bürogebäude, trennen kann.

Die 15 deutschen offenen Immobilienfonds erfreuten sich in den vergangenen Jahren einer großen Beliebtheit: Der Wert der Anteile verzeichnete einen stetigen Zuwachs, Kursschwankungen gab es so gut wie überhaupt nicht und die jährliche Ausschüttung enthielt auch beachtliche steuerfreie Anteile. Offene Immobilienfonds unterliegen ebenfalls einer strengen Kontrolle. Der Wert der Anteile wird in regelmäßigen Abständen in einem umfangreichen Berechnungsverfahren ermittelt.

Damit offene Immobilienfonds den Anlegern, die ihre Anteile verkaufen wollen, auch das Geld zurückgeben können, halten sie einen Teil des verwalteten Vermögens in kurzfristigen festverzinslichen Wertpapieren. Mit dem dritten Finanzmarktförderungsgesetz wurden die Anlagemöglichkeiten für offene Immobilienfonds erweitert. Ihnen ist nun gestattet, sich auch an Grundstücksgesellschaften im In- und Ausland zu beteiligen.

Auf europäische Immobilienmärkte setzen!

Bei offenen Immobilienfonds gilt das, was schon oben bei Aktien- und Rentenfonds gesagt wurde: Sie sollten auf solche Fonds setzen, deren Anlagestrategie auf die europäischen Immobilienmärkte ausgerichtet sind. Das verspricht höhere Renditen. Denn die Musik an den Immobilienmärkten spielt weniger in Deutschland als vielmehr im europäischen Ausland.

Neue Fondsprodukte

Das stetig wachsende Interesse an Investmentfonds hat natürlich den Geschäftsinstinkt der Fondsgesellschaften angeregt. Folge: Seit einigen Jahren versuchen sie mit immer ausgefalleneren Fondskonstruktionen, die Anleger zu locken.

Laufzeitfonds

Zu den schon gängigen neuen Fondsprodukten jüngeren Datums gehören die so genannten Laufzeitfonds. Das sind meist Rentenfonds (manchmal auch Aktienfonds), die für zwei bis fünf Jahre aufgelegt werden. Das eingesetzte Kapital plus Zins und Zinseszins wird am Ende der Laufzeit ausbezahlt. Während der Laufzeit erhält der Anleger keine Erträge. Am Ende wird der Fonds wieder aufgelöst. Solche Fonds müssen Sie als Anleger aber nicht haben.

Garantiefonds

Immer häufiger werben die Investmentgesellschaften mit Garantiefonds. In der Anfangsphase versprachen diese Fonds häufiger eine Garantie auf einen bestimmten Ausschüttungsbetrag oder eine Garantie auf einen bestimmten Mindestrücknahmepreis. Populär sind aber auch Aktienfonds, die trotz heftiger Kursschwankungen an den Börsen eine Garantie auf das eingesetzte Kapital geben. Diese Garantien haben jedoch ihren Preis: Die Fonds müssen nämlich Absicherungsinstrumente (Optionen und Terminkontrakte) einsetzen, damit sie ihre Garantieversprechen einhalten können. Das kostet Abschläge bei der Rendite. Urteil: Der Preis für die Garantie ist in vielen Fällen zu hoch.

Für Spekulanten: Future-Fonds und Optionsscheinfonds

Eine weitere Spezialität sind die so genannten Future-Fonds. Diese Fondsart steckt das Geld der Anleger vorwiegend in Terminmarktgeschäfte. Ebenfalls für spekulative Gemüter sind

Optionsscheinfonds. Ihrem Namen entsprechend setzen sie vorwiegend auf Optionsscheine mit der Folge, dass die Anteilspreise stark schwanken und unterm Strich für den Anleger nicht selten hohe Verluste stehen.

Für kühle Rechner: No-Load-Fonds

Zu den Neuerungen gehören ferner die so genannten No-Load-Fonds. Das sind Investmentfonds – in der Regel Aktienfonds –, bei denen die Fondsgesellschaft nicht den sonst üblichen Ausgabeaufschlag erhebt. Diese Fonds ohne Ausgabeaufschlag richten sich in erster Linie an Anleger, die eher spekulativ eingestellt sind und öfters die Pferde wechseln. Denn bei einem Ausgabeaufschlag lohnt es sich wegen der zu hohen Kosten nicht, in kürzeren Abständen von einem Fonds in den anderen zu wechseln.

Beispiel: Ausgabeaufschlag
Wer bei der Union-Investmentgesellschaft, der Fondstochter der Volksbanken, einen europäischen Aktienfonds kaufen will, hat die Wahl zwischen dem UniEuroAktien und dem UniEuropa –net–. Der Unterschied: Für die Anteile an ersterem Fonds muss der Anleger einen Ausgabeaufschlag von fünf Prozent bezahlen, für den letzteren aber nicht.

No-Load-Fonds haben freilich ihre Kehrseite: Im Gegenzug dafür, dass die Fondsgesellschaft beim Kauf der Anteile keine Gebühr verlangt, fallen für den Anleger höhere Managementgebühren an. Jedes Fondsmanagement kassiert jährlich für die Verwaltung eines Fonds eine solche Gebühr, die vom Fondsvermögen meist vierteljährlich abgezogen wird. Bei

Fonds ohne Ausgabeaufschlag ist die Gebühr deutlich höher. Das bedeutet, dass diese Fonds als Langfristanlage ungeeignet sind.

Indexfonds

Das sind Aktienfonds, deren Zusammensetzung sich an bestimmten Börsenindizes orientiert. Hintergrund: Viele Investmentfonds entwickeln sich oft schlechter als die entsprechenden Börsenindizes, mit denen sie verglichen werden. Ein Indexfonds, der zum Beispiel die 30 Aktien des Deutschen Aktienindex DAX enthält, wird aber im gleichen Maße steigen wie der DAX steigt. Überdurchschnittliche Ergebnisse sind bei solchen Fonds jedoch selten.

Dachfonds – der Fonds aus Fonds

Zu den Neuerungen im Fondsangebot in Deutschland gehören auch die Dachfonds. Die Idee, die dahinter steckt: Ein Dachfonds investiert das Geld der Anleger nicht in Wertpapiere wie Renten oder Aktien, sondern gezielt in Aktien-, Renten-, Geldmarkt und Immobilienfonds. Damit wird das Konzept der Risikostreuung mit Fonds im Prinzip auf die Spitze getrieben. Denn mit der Streuung auf eine Vielzahl von Investmentfonds soll das Fondsvermögen des Dachfonds noch weniger anfällig sein gegen Kursschwankungen.

Der Gesetzgeber hat die Zulassung der Dachfonds allerdings mit strengen Vorschriften verbunden. So darf ein Dachfonds höchstens 20 Prozent des Fondsvermögens in einen einzelnen

Investmentfonds investieren. Strenge Regelungen gibt es auch bei der Berechnung der Kosten. So darf der Dachfonds einer Investmentgesellschaft beim Kauf von Anteilen von Fonds der gleichen Investmentgesellschaft keinen Ausgabeaufschlag mehr berechnen. Ähnliches gilt bei der Berechnung der jährlichen Managementgebühren. Dachfondssparer können, wie bei Fonds üblich, Anteile börsentäglich kaufen oder verkaufen. (Weitere Details dazu lesen Sie im letzten Kapitel des vierten Abschnitts).

AS-Fonds – Einstieg in die private Altersvorsorge

Seit 1998 können die Investmentgesellschaften schließlich besonders auf die private Altersvorsorge zugeschnittene Fondsprodukte anbieten: die Altersvorsorge-Sondervermögen, kurz AS-Fonds genannt. Bei den AS-Fonds handelt es sich um neuartige gemischte Investmentfonds, die – anders als bisher – das Geld der Anleger gleichzeitig in Aktien und Immobilien oder auch in Anteilen an offenen Immobilienfonds anlegen dürfen. Ziel dieser neuen Fonds ist es, die private Vorsorge fürs Alter mit substanzorientierten Anlageformen wie Aktien oder Immobilien zu fördern.

Der Begriff „Altersvorsorge-Sondervermögen" dient dabei als Gütesiegel dafür, dass sich die Investmentgesellschaften an die strengen gesetzlichen Vorschriften für diesen neuen Fondstyp halten. Sie sind im Gesetz über die Kapitalanlagegesellschaften festgehalten. Danach gelten für diese neue Investmentfondsvariante folgende Regeln:

- AS-Fonds müssen das Geld der Anleger mindestens zu 51 Prozent in Substanzwerte wie Aktien und Immobilien anlegen.
- Der Aktienanteil darf dabei zwischen 21 und 75 Prozent schwanken.
- Der Anteil an Immobilien darf höchstens bei 30 Prozent liegen. Dabei kann es sich um direkten Immobilienbesitz handeln oder – was neu ist – um Anteile an offenen Immobilienfonds.
- Stille Beteiligungen dürfen maximal zehn Prozent des Fondsvermögens ausmachen.
- Fremdwährungsanlagen (-risiken) dürfen höchstens mit einem Anteil von 30 Prozent im Fonds vertreten sein.
- Derivate wie Futures oder Optionen dürfen nur zu Absicherungszwecken eingesetzt werden.

Die Regelungen für den AS-Fonds gehen aber noch einen Schritt weiter. Die neuen Fonds sind nämlich außerdem verpflichtet, ihren Anlegern Sparpläne mit einer Mindestlaufzeit von 18 Jahren oder alternativ Sparpläne bis zur Vollendung des 60. Lebensjahres anzubieten. Die Anleger können dabei ihre monatlichen Raten jederzeit erhöhen oder reduzieren. Wenn der Anleger nicht mehr in der Lage ist, die monatlichen Zahlungen aufzubringen, kann er den Sparplan mit einer dreimonatigen Frist vorzeitig kündigen.

Weitere Neuerung: Sind drei Viertel der vereinbarten Laufzeit abgelaufen, muss die Fondsgesellschaft den kostenlosen

Tausch der Anteile in andere Fonds – in der Regel sind das weniger schwankungsanfällige Rentenfonds – anbieten. Nach dem Ende der Sparzeit muss die Gesellschaft schließlich Auszahlungspläne mit oder ohne Verzehr der Substanz des angesparten Vermögens anbieten.

Beispiel
Rund 40 AS-Fonds werden hierzulande angeboten. Meist bieten die Fondsgesellschaften Produkte an, die auf unterschiedliche Anlegerbedürfnisse zugeschnitten sind. So wartet die ADIG, die Fondsgesellschaft der Commerzbank, unter anderem mit folgenden zwei AS-Fonds auf: dem AS-AktivDynamik und dem AS-AktivPlus.
Der AS-AktivDynamik wendet sich an jüngere Anleger und fährt eine entsprechend risikoreichere Strategie: 75 Prozent des Geldes werden in europäische Aktien, 17,5 Prozent in europäische Renten und 7,5 Prozent in Anteile an offenen Immobilienfonds angelegt. Der AS-AktivPlus investiert dagegen nur 50 Prozent in europäische Aktien, 35 Prozent in europäische Renten und 15 Prozent in offene Immobilienfonds. Daher ist er für konservativere und ältere Anleger geeignet. Bei beiden Fonds beginnt nach 15 Jahren in Schritten der Umtausch der AS-Anteile in risikoärmere Fonds.

Wie Sie mit Investmentfonds sparen können

Mindestanlagesummen und Sparpläne

Investmentfonds sind eine professionelle Geldanlage für den kleinen Geldbeutel. Die Investmentgesellschaften tragen dem in zweierlei Richtung Rechnung. So können sich Anleger schon mit einer kleinen Mindestsumme Fondsanteile kaufen. Diese Mindestsumme für eine Einmalanlage liegt in der Regel bei 3 000 DM.

Die zweite Möglichkeit, mit kleinen Beträgen Fondsanteile zu kaufen, sind die Sparpläne der Investmentgesellschaften. Bei einem Sparplan kann der Anleger mit der Fondsgesellschaft vereinbaren, monatlich, alle zwei Monate, quartalsweise oder halbjährlich einen bestimmten Betrag in einen Investmentfonds einzubezahlen. Als Untergrenze haben die meisten Fonds einen Betrag von 100 DM oder 50 Euro festgesetzt. Auch hier liegt die Messlatte bei ausländischen Fondsgesellschaften deutlich höher: Sie verlangen mindestens 250 DM oder 300 DM.

Des Weiteren besteht die Möglichkeit, solche Sparpläne zu „dynamisieren". Das heißt, der Anleger kann jährlich steigende Sparsummen einbezahlen. Und was noch wichtig ist: Der Anleger muss sich nicht auf eine bestimmte Spardauer festlegen, er kann seine Anteile jederzeit verkaufen.

Da Aktienfonds im langfristigen Vergleich andere Fondsanlagen schlagen, sind vor allem Sparpläne bei Aktienfonds für die zusätzliche Altersvorsorge geeignet. Wie viel regelmäßige Einzahlungen von 50 Euro in einen deutschen Aktienfonds über längere Zeit erbringen, ist in folgender Tabelle aufgeführt.

Aktienfonds-Sparpläne: Renditeträchtige Altersvorsorge

Fonds	Gesell-schaft	Auszahlungssumme in Euro bei monatlicher Sparrate von 50 Euro nach … Jahren				
		10 J.	**15 J.**	**20 J.**	**25 J.**	**30 J.**
Adifonds	Adig	16 877	32 621	69 341	117 325	181 226
Concentra	DIT	15 790	32 578	70 556	119 447	260 387
Dekafonds	Deka	15 997	31 035	64 720	108 975	168 457
Fondak	Adig	13 116	24 340	50 166	84 410	129 618
Investa	DWS	18 718	38 555	83 706	143 602	223 339
Thesaurus	DIT	14 671	29 052	60 706	101 879	153 834
Unifonds	Union	14 927	28 984	59 935	102 199	159 893
Durchschnittl. jährliche Wert-steigerung in %		17,48	13,58	12,90	12,16	11,03

Quelle: BVI, Stand 31.12.1999

Früh mit dem Sparen beginnen!

Die Tabelle zeigt Ihnen, dass es sich lohnt, schon möglichst früh und regelmäßig mit den Einzahlungen in einen Aktienfonds zu beginnen. Setzen jetzt vor allem auf europäisch oder international anlegende Aktienfonds. Langfristig sind bei diesen Fonds durchschnittliche jährliche Wertzuwächse von acht bis zehn Prozent zu erwarten

Mit Cost-Average-Effekt antizyklisch investieren

Bei regelmäßigen Einzahlungen in einen Aktienfonds profitiert der Anleger vor allem von dem, was die Experten den „Cost-Average-Effekt" nennen. Dieser Effekt beruht darauf, dass der Anleger mit seinen regelmäßigen Sparraten automatisch antizyklisch in den Aktienfonds investiert. Antizyklisch bedeutet, dass er für seine Sparrate bei hohen Kursen nur wenige Anteile kauft, bei niedrigen Kursen dafür um so mehr. Steigen die Aktienkurse, dann führt das dazu, dass die Anteile, die bei niedrigen Ausgabekursen gekauft wurden, überdurchschnittlich zur Wertsteigerung des Fondsvermögens beitragen.

Beispiel: Cost-Average-Effekt

Ein Anleger erhält bei einer Sparrate von 100 Euro monatlich bei einem angenommenen Kurs des Fondsanteils von 100 Euro ein Zertifikat. Sinken nun die Aktienkurse und mit ihnen der Fondspreis auf 50 Euro, bekommt er im nächsten Monat für das gleiche Geld schon zwei Anteile. Steigt später der Preis des Fondsanteile auf 110 DM, hebelt der Kauf der beiden Fondsanteile zum Niedrigpreis das Anlageergebnis besonders stark in die Höhe.

Welche Wirkungen der „Cost-Average-Effekt" hat, zeigt auch die nebenstehende Tabelle, der folgende Annahmen zugrunde liegen.

Ein Fondsanleger spart zehn Jahre monatlich 200 DM in einen Sparplan für einen Aktienfonds ein. Dabei werden für drei Fälle unterschiedliche Kursverläufe angenommen:

Sparplan 1: Die Kurse stiegen in den zehn Jahren praktisch immer an.

Sparplan 2: Die Kurse entwickelten sich unter heftigen jährlichen Schwankungen nach oben.

Sparplan 3: Mit den Kursen ging es über fast zwei Drittel der Sparzeit fast nur nach unten. Erst in der letzten Phase stiegen die Kurse wieder an.

So sieht nun das Ergebnis aus:

Fallbeispiel Cost-Average-Effekt

	Sparplan 1		**Sparplan 2**		**Sparplan 3**	
Jahr	**Anteils-preis**	**Anteils-zahl**	**Anteils-preis**	**Anteils-zahl**	**Anteils-preis**	**Anteils-zahl**
1	100	24	100	24	100	24
2	140	17,14	90	26,66	80	30
3	110	21,82	130	18,46	60	40
4	120	20	110	21,81	70	34,28
5	150	16	160	15	50	48
6	180	13,33	115	20,86	40	60
7	170	14,11	190	12,63	30	80
8	180	13,33	130	18,46	40	60
9	200	12	180	13,33	60	40
10	220	10,91	220	10,91	110	21,81
Summe		162,64		182,12		438,09

Ergebnisse	
Sparplan 1	162,64 Anteile x 220 DM = 35 780,80 DM
Sparplan 2	182,12 Anteile x 220 DM = 40 066,40 DM
Sparplan 3	438,09 Anteile x 110 DM = 48 189,90 DM

Das zunächst verblüffende Ergebnis: Obwohl sich der Preis der Anteile nach zehn Jahren nur um 10 DM erhöht hat, hat Sparer 3 bei gleichem Kapitaleinsatz das mit Abstand beste Ergebnis erzielt. Die Begründung: Mit seinen regelmäßigen Sparraten hat er viele Anteile billig erwerben können, die am Ende vom starken Anstieg der Kurse besonders profitieren könnten.

Cost-Average-Effekt ist keine Wunderwaffe!

Berater ziehen den Cost-Average-Effekt sehr gerne als Verkaufsargument heran. Lassen Sie sich davon aber nicht unbesehen beeindrucken. Denn dieser Effekt wirkt sich nur dann positiv auf das Anlageergebnis aus, wenn die sinkenden Kurse in die erste Hälfte der Sparphase fallen und die Kurse zum Ende der Sparphase eher steigen. Fällt die Phase der fallenden Kurse dagegen eher in die zweite Hälfte oder gar an das Ende der Sparzeit, nutzt Ihnen der Cost-Average-Effekt nur wenig.

Der Auszahlungsplan – Zubrot für die Rente

Was der Anleger über die Jahre mit einem Sparplan angespart hat, kann er sich zum Beispiel beim Beginn der Rente wieder ausbezahlen lassen: entweder als ganzen Betrag auf einen Schlag oder in Form eines Auszahlungsplans. Der Auszahlungsplan ist das Gegenstück zum Sparplan. Dabei vereinbart der Anleger mit der Fondsgesellschaft eine bestimmte monatliche Auszahlungsrate. Sie sind damit ein geeignetes Instrument für eine private Zusatzrente im Alter. Auszahlungspläne bieten die meisten Fondsgesellschaften an. Einzige Voraussetzung dafür: Mindestanlagesummen von 5 000 bis 15 000 Euro.

Bei der Gestaltung des Auszahlungsplans kann der Anleger zwischen zwei Varianten wählen:

- dem Auszahlungsplan ohne Kapitalverzehr: Dabei bleibt die Höhe des angesparten Betrags erhalten; für die monatliche Rate werden lediglich die anfallenden Zinseinnahmen und Kursgewinne des Fonds eingesetzt;
- dem Auszahlungsplan mit Kapitalverzehr: Dabei vereinbart der Anleger mit der Fondsgesellschaft einen bestimmten Auszahlungsbetrag für eine bestimmte Laufzeit. Nach dem Ende der Laufzeit ist der gesamte Sparbetrag aufgebraucht („verzehrt").

Welche Folgen eine Entscheidung für die eine oder andere Auszahlvariante hat, zeigen Ihnen folgende Tabellen:

Auszahlungsplan ohne Kapitalverzehr

Anlagesumme in DM:	**Monatliche Entnahme in DM bei einer Verzinsung von:**		
	6 %	**7 %**	**8 %**
30 000	145	169	192
40 000	194	225	256
50 000	242	281	320
60 000	291	337	384
70 000	339	394	448
80 000	388	450	511
90 000	436	506	575
100 000	484	562	639

Auszahlungsplan mit Kapitalverzehr

Anlage summe in DM	Monatliche Entnahme in DM bei einer Laufzeit von …								
	10 Jahren			15 Jahren			20 Jahren		
	… und einer Verzinsung von								
	6 %	7 %	8 %	6 %	7 %	8 %	6 %	7 %	8 %
30 000	331	345	360	251	266	282	212	229	246
40 000	441	469	479	334	355	376	283	305	328
50 000	551	575	599	418	443	470	354	381	410
60 000	661	690	719	501	532	564	424	457	491
70 000	772	805	839	585	621	658	495	534	573
80 000	882	920	959	668	709	752	566	610	655
90 000	992	1035	1079	752	798	846	637	686	737
100 000	1102	1150	1199	835	887	940	707	762	819

Beispiel: Auszahlungsplan mit und ohne Kapitalverzehr

Angenommen, ein Anleger hat 100 000 DM für einen Auszahlungsplan angespart. Was passiert nun, wenn er sich für eine monatliche Rate ohne Kapitalverzehr entscheidet?
Antwort: Laut Tabelle kann er dann bei einem durchschnittlichen jährlichen Wertzuwachs des Vermögens von sechs Prozent mit einer monatlichen Zusatzrente von 484 DM rechnen.

Was passiert aber, wenn er den gleichen Betrag für eine zusätzliche monatliche Rente über 15 Jahre nutzen will?
Antwort: Bei einer Verzinsung von sechs Prozent kann er monatlich 835 DM entnehmen. Das sind zwar 351 DM mehr als im obigen Fall, aber dafür ist das Geld nach rund 15 Jahren aufgebraucht.

Bei Auszahlungsplänen auf Rentenfonds setzen!

Anders als bei Sparplänen sollten Sie bei Auszahlungsplänen auf Nummer sicher gehen. Denn es geht jetzt nicht mehr um die höchstmögliche Verzinsung des eingesetzten Kapitals, sondern darum, dass Sie mit den monatlichen Auszahlungen langfristig planen können. Deshalb sollten Sie bei Auszahlungsplänen Rentenfonds bevorzugen, die nicht von den heftigen Kursschwankungen betroffen sind wie Aktienfonds.

Vermögenswirksame Leistungen – Zuschuss vom Vater Staat

Wer regelmäßig in einen Fondssparplan einzahlen will, kann auch noch über die vermögenswirksamen Leistungen auf einen staatlichen Zuschuss hoffen. Bei den vermögenswirksamen Leistungen handelt es sich um monatliche Geldleistungen, die der Arbeitgeber für einen Arbeitnehmer bezahlt. Sie werden allerdings nicht ausbezahlt, sondern für den Arbeitnehmer fest angelegt. Die meisten Arbeitnehmer erhalten vermögenswirksame Leistungen von meist 52 DM (= 624 DM pro Jahr), es können aber auch bis zu 78 DM pro Monat (= 936 DM pro Jahr) zusätzlich zum normalen Arbeitslohn sein. Das ist in vielen Tarifverträgen, aber auch in Betriebsvereinbarungen oder Einzelverträgen so ausgehandelt.

Für solche vermögenswirksame Leistungen zahlt der Staat jährlich eine Arbeitnehmersparzulage. Freilich dürfen dabei bestimmte Einkommensgrenzen nicht überschritten werden. Seit dem 1. Januar 1999 kommen alle Arbeitnehmer in den

Genuss der Arbeitnehmersparzulage, deren zu versteuerndes Einkommen die Grenzen von 35 000/70 000 DM nicht übersteigt. Gleichzeitig hat der Staat auch Aktienfonds in die Förderung mit einbezogen. Für das Sparen in einem Aktienfonds sind folgende Fördersätze festgelegt worden: Der Staat fördert pro Jahr monatliche Einzahlungen mit einer staatlichen Zulage von 20 Prozent (25 Prozent in den neuen Bundesländern). Allerdings wurde eine Höchstfördergrenze von 800 DM festgelegt. Das bedeutet, dass ein Arbeitnehmer, dessen zu versteuerndes Einkommen unter den festgelegten Fördergrenzen liegt, vom Staat jährlich 160 DM (200 DM im Osten) zusätzlich erhält. Bei Ehepaaren, die beide berufstätig sind, verdoppeln sich die Fördersätze.

Beispiel: So funktioniert die Sparförderung
Angenommen, ein Arbeitnehmer erhält von seinem Arbeitgeber monatlich 52 DM vermögenswirksame Leistungen. Diese zahlt er in einen Aktienfonds ein. Damit spart er pro Jahr 624 DM; liegt sein Einkommen innerhalb der Einkommensgrenzen, erhält er darauf einen staatlichen Zuschuss von 124,80 DM (20 Prozent von 624 DM). Denn vollen Förderbetrag von 160 DM erhält er, wenn er 800 DM oder 66,67 DM pro Monat in den Fonds einbezahlt. Schießt der Arbeitgeber nicht das entsprechende Geld zu, kann er sich die Differenz zu den 52 DM direkt von seinem Lohn abzwacken lassen.

Checkliste: Schritte zum staatlichen Zuschuss

- Suchen Sie sich einen geeigneten Aktienfonds bei einer Bank oder einer Investmentgesellschaft aus und schließen Sie den Sparvertrag ab.
- Geben Sie den Vertrag Ihrem Arbeitgeber. Dieser überweist dann den entsprechenden Sparbetrag monatlich auf den Sparplan.
- Prüfen Sie, ob Sie die Einkommensgrenzen für die staatliche Zulage erfüllen.
- Wenn ja, füllen Sie bei der Einkommensteuererklärung das Antragsformular für die staatliche Zulage aus.
- Legen Sie dem Antrag die Bescheinigung der Fondsgesellschaft über die eingezahlten vermögenswirksamen Leistungen bei.
- Beachten Sie die Sperrfrist: Das Wohnortfinanzamt zahlt die staatliche Sparförderung nur dann aus, wenn Sie den Sparplan sechs Jahre bespart und dann anschließend bis zum Ende des Kalenderjahres haben ruhen lassen. Wenn Sie das Geld vorzeitig haben wollen oder nicht regelmäßig sparen, gibt es keine Förderung!

Welche Steuern anfallen

Wer Geld in einen Investmentfonds spart, wird nicht vom Fiskus verschont bleiben. Denn die meisten Fonds schütten einmal pro Jahr Erträge aus. Es gibt lediglich einen Unterschied: Bei tatsächlich ausschüttenden Fonds fließen die Erträge auf das Konto des Anlegers, bei thesaurierenden Fonds bleiben die Erträge im Fondsvermögen und werden neu angelegt. Unabhängig davon will das Finanzamt seinen Anteil an den Erträgen kassieren.

Erträge erwirtschaftet ein Fonds in vielfältiger Form. Dazu gehören Zinseinnahmen bei festverzinslichen Wertpapieren, Dividenden und Kursgewinne bei Aktien, Mieten und Pachten bei Immobilien. Dabei werden die Erträge nicht zu dem Zeitpunkt besteuert, zu dem sie dem Fonds zufließen, sondern erst dann, wenn sie der Anleger in Form der jährlichen Ausschüttungen erhält. Das Finanzamt tut also so, als ob der Anleger nicht Anteile an einem Investmentfonds hält, sondern als ob der Anleger selbst die im Fonds enthaltenen Wertpapiere besitzt. Bei der Ausschüttung bekommt der Anleger die Hand des Fiskus in folgender Weise zu spüren:

- Zinseinnahmen:

  Schüttet der Investmentfonds Zinserträge aus, wird der Zinsabschlag von 30 Prozent plus Solidaritätszuschlag von 5,5 Prozent fällig. Hat der Anleger seine Papiere zu Hause im eigenen Safe liegen (Tafelgeschäft), so werden sogar 35 Prozent plus 5,5 Prozent Solidaritätszuschlag fällig.

Beispiel:
Der ADIG Global schüttete für das Jahr 1999 je Anteil 2,02 Euro aus. Dieser Ertrag stammte aus Zinseinnahmen. Folglich war die gesamte Ausschüttung zinsabschlagsteuerpflichtig: Es mussten 64 Cent abgezwackt werden.

- Dividenden:

  Schüttet der Investmentfonds (meist Aktienfonds) Dividenden aus, so werden 25 Prozent Kapitalertragsteuer plus 5,5 Prozent Solidaritätszuschlag fällig.

- Zwischengewinn:

  Ein Zwischengewinn entsteht dadurch, dass bei einem Investmentfonds zwischen zwei Ausschüttungsterminen Zinserträge und Stückzinsen auflaufen. Verkauft nun ein Anleger zwischen zwei Ausschüttungen seine Anteile, so werden ihm diese Erträge als Zwischengewinn gutgeschrieben. Dieser ist ebenfalls steuerpflichtig.

- Kursgewinne:

  Geht es der Börse gut, steigen auch die Preise der Anteile an einem Aktienfonds. Der Anleger muss dann aufpassen: Denn wenn er seine Anteile verkaufen will, greift möglicherweise die Spekulationsfrist von einem Jahr. Das heißt, dass alle Kursgewinne, die über der Freigrenze von 1 000 DM liegen, versteuert werden müssen.

Beispiel:
Ein Anleger kauft zum Anfang des Jahres 100 Anteile an einem Aktienfonds zum Preis je Anteil von 50 DM. Neun Monate später verkauft er die

Anteile zum Preis von 61 DM je Anteil. Er kassiert also einen Kursgewinn von 1 100 DM, den er voll versteuern muss. Verkauft er die Anteile erst nach einem Jahr, so ist dieser Kursgewinn steuerfrei.

Der Freistellungsauftrag hilft Steuern sparen!

Zinsabschlagsteuer und Kapitalertragsteuer können Sie als Fondsparer allerdings umgehen. Denn Kapitalerträge sind über den Sparerfreibetrag in Höhe von 3 100/6 200 DM (ledig/verheiratet) von der Besteuerung ausgenommen. Sie müssen lediglich einen Freistellungsauftrag in Höhe der erwarteten Ausschüttungen aus Ihren Fondsanlagen bei der Bank oder der Investmentgesellschaft abgeben und schon können Sie Ihre Erträge ungeschmälert kassieren. Alle über die Freibeträge gehenden Erträge müssen aber versteuert werden!

Steuererklärung für Fondssparer

Da die Sparerfreibeträge aber schnell aufgebraucht sind, kommt die endgültige Abrechnung für den Fondsparer erst bei der Einkommensteuererklärung. Denn dort muss er dann in der Anlage KSO alle notwendigen Angaben eintragen. Dabei hilft ihm die Steuerbescheinigung der Fondsgesellschaft, die alle notwendigen Angaben zur Steuererklärung enthält. Folgende Checkliste zeigt dem Anleger, was er in der Anlage KSO bei der Erklärung inländischer Erträge aus Fondsanlagen angeben muss:

Checkliste: Angaben in der Anlage KSO

KSO-Zeile	Angabe
Zeile 6, Spalten 2 und 3	Inländische Erträge
Zeile 6, Spalte 4	Beanspruchter Freistellungsauftrag
Zeile 6, Spalte 5	Anrechenbare Kapitalertragsteuer
Zeile 6, Spalte 6	Anrechenbare Körperschaftsteuer
Zeile 20, Spalten 2 und 3	Ausländische Erträge
Zeile 20, Spalte 4	Beanspruchter Freistellungsauftrag bei ausländischen Erträgen
Zeile 20, Spalte 5	Anrechenbare Kapitalertragsteuer bei ausländischen Erträgen
Zeile 24, Spalte 5	Anrechenbarer Solidaritätszuschlag
Zeile 25, Spalte 3	Vergütete Körperschaftsteuer

FONDS
DM
AKTIEN
IMMOBILIEN
RENTEN
W.B.

Der Weg zum richtigen Fonds

Die Qual der Wahl: Welchen Fonds nehmen? Wie Sie den Fonds finden, der optimal zu Ihren Zielen und Ihrer Anlagestrategie passt.

Der erste Schritt: die Anlagestrategie

Professionelle Vermögensmanager nehmen dem Anleger die Entscheidung ab, unter der Vielfalt der angebotenen Wertpapiere die richtigen auszusuchen, das ist die Idee des Investmentfondssparens. Diese Idee in der Praxis umzusetzen ist dennoch nicht einfach. Denn in Deutschland sind rund 4 000 Fonds zum Vertrieb zugelassen und täglich werden es mehr. Damit haben Sie als Anleger wiederum die Qual der Wahl. Sie müssen nämlich bei Ihrer Anlageentscheidung aus der Fülle der Produkte den für Sie passenden Fonds herauspicken. Für Sie bedeutet dies, dass Sie sich zunächst einmal darüber klar werden müssen, was Sie mit dem Vermögensaufbau bezwecken. Danach müssen Sie unter der Vielzahl von Fonds die besten herauspicken, die zu Ihrer Anlagestrategie passen. Das ist zwar mühsam, lohnt sich aber. Denn die Wahl des richtigen Fonds zahlt sich später in klingender Münze aus.

Welche Ziele haben Sie?

Bevor Sie daran gehen, den oder die für Sie richtigen Fonds auszusuchen, müssen Sie sich zuerst einmal darüber klar werden, welche Ziele Sie mit der Anlage Ihres Vermögens in einen Fonds verfolgen und mit welcher Strategie Sie diese Ziele erreichen wollen. Das heißt, in einer ersten Stufe müssen zunächst Ihre Anlageziele erfasst und bewertet werden. Es gibt eine Vielzahl denkbarer Anlageziele. In der Praxis lassen sich die folgenden häufig wiederfinden:

- Einkommenssicherung,
- Existenzsicherung,
- Vermögensaufbau,
- Renditesteigerung,
- Familienvorsorge,
- Altersvorsorge,
- Minderung der Steuerlast,
- Zusatzrente aus regelmäßigen Erträgen.

Ziele richtig bewerten!

Überlegen Sie sich wirklich genau, was der Zweck Ihrer Geldanlage ist. Bewerten Sie die einzelnen Kriterien nach der Wichtigkeit für Sie. Nur so kommen Sie später bei der Auswahl zum richtigen Fonds.

Eine wichtige Hilfe bei der Bewertung der Anlageziele ist auch ein genauer Überblick über Ihren aktuellen Vermögensstatus. Folgende Checkliste hilft Ihnen dabei.

Checkliste: Vermögensstatus

Anlageposition	**Stand per .... in Euro**
Bargeld/Guthaben bei Banken, Sparkassen	
Wertpapiere (Aktien etc.)	
Festverzinsliche Wertpapiere	

Lebensversicherungen (Rückkaufwerte)	
Bausparguthaben	
Gold/Silber/Kunstgegenstände	
Immobilieneigentum	
Unternehmerische Beteiligungen (geschlossene Immobilienfonds etc.)	
Summe der Vermögenswerte:	
abzüglich Bankverbindlichkeiten	
abzüglich Hypotheken	
abzüglich sonstige Verbindlichkeiten	
Vermögen nach Abzug der Schulden:	

Ermitteln Sie Ihr Risikoprofil

Ein weiteres wichtiges Kriterium bei der Ermittlung der Anlageziele ist Ihre Bereitschaft, Risiken in Kauf zu nehmen. Denn auch bei Fonds gilt wie bei anderen Geldanlagen die Grundregel: Hohe Renditen gibt es nur unter Inkaufnahme höherer Risiken, der Preis der Sicherheit sind dagegen meist bescheidenere Erträge. Hilfe soll Ihnen dabei folgende Checkliste geben. Sie teilt Anlagen nach verschiedenen Risikostufen ein. Wichtig: Diese Checkliste kann freilich das detaillierte Gespräch mit dem Berater nicht ersetzen.

Checkliste: Risikoprofil

Anlage und Risikoklasse	Risikostufe
Sehr sichere Anlage – geringe Rendite	1
Risikoarme Anlage – Verlustrisiko bis 5 % – meist geringe Rendite	2
Risikoorientierte Anlage – Verlustrisiko 15 bis 25 % – geringe bis mittlere Rendite	3
Risikoreiche Anlage – Verlustrisiko bis 40 % – mittlere bis gehobene Renditechancen	4
Sehr risikoreiche Anlage – Verlustrisiko bis 80 % – hohe Renditechancen	5
Hochriskante Anlage – Verlustrisiko bis 100 % plus Nachschusspflicht – sehr hohe Ertragschance	6

Stehen die Anlageziele und das Risikoprofil fest, kann der Anleger sich unter Mithilfe des Beraters daran machen, in einem zweiten Schritt die geeignete Anlagestrategie zu erarbeiten. Das bedeutet, dass eine Vermögensstruktur gefunden werden muss, die garantiert, dass die Anlageziele erreicht werden. Es muss also jetzt die richtige Mischung an Investmentfonds gefunden werden, in die das Vermögen angelegt werden kann. Wie die Mischung im Einzelfall aussieht, hängt wiederum vom persönlichen Profil des Anlegers ab.

Drei Kategorien werden in der Praxis unterschieden:

- Konservativer Anleger: Er bewegt sich in den Risikostufen 1 bis 2 und setzt überwiegend auf Rentenfonds.
- Ertragsorientierter Anleger: Er bewegt sich in den Risikostufen 3 und 4 und wird eine ausgewogene Mischung zwischen Aktien und Rentenfonds wählen.
- Chancenorientierter Anleger: Er bewegt sich in den Risikostufen 4 und 5 und wird fast nur auf Aktienfonds setzen. (Die Risikostufe 6 kommt bei Investmentfonds praktisch nicht vor).

Damit ist die Wahl des richtigen Fonds schon an diesem Punkt an eine wichtige Schnittstelle gelangt. Denn es genügt nicht, dass der Anleger seine eigene Strategie kennt, er muss auch die entsprechenden Fonds finden, deren Anlagestrategie zu seiner persönlichen Strategie passen. Und dabei wird er schnell merken, dass es nicht nur Unterschiede zwischen Aktien- und Rentenfonds gibt, sondern dass Aktienfonds nicht gleich Aktienfonds und Rentenfonds nicht gleich Rentenfonds sind.

Wie Sie die Risiken einschätzen können

Bei der Wahl der richtigen Fonds muss sich der Anleger zunächst einmal mit den grundsätzlichen Risiken einzelner Fondstypen auseinandersetzen. Sie ergeben sich zum einen aus der grundsätzlichen Situation an den Finanzmärkten und zum anderen aus dem jeweiligen Anlageschwerpunkt, den sich ein Fonds auf die Fahnen geschrieben hat.

Aktienfonds

Bei Aktienfonds steht ganz oben das Kurs- oder Marktrisiko. Obwohl das Fondsmanagement durch eine geschickte Streuung des Fondsvermögens verhindern kann, dass Kursschwankungen an den Börsen zu stark auf die Preise der Fondsanteile durchschlagen, kann sich ein Aktienfonds nicht von der Großwetterlage an den Finanzmärkten abkoppeln. Diese Großwetterlage wird bestimmt durch

- die Entwicklung der Konjunktur,
- die Renditeentwicklung an den Rentenmärkten,
- die Geldpolitik der Notenbanken und
- die Entwicklung der Unternehmensgewinne.

Das bedeutet, dass der Fonds bei einem Kurssturz an den Börsen im Gefolge eines schlechten gesamtwirtschaftlichen Umfelds zwangsläufig in Mitleidenschaft gezogen wird.

Aktienfonds nur für die Langfristanlage

Aktienfonds kommen deshalb grundsätzlich nur als Langfristanlage mit Anlagehorizonten von mindestens fünf Jahren in Betracht. Denn ihre Stärken werden erst bei langen Anlagezeiträumen deutlich. Dann sind Aktienfonds mit durchschnittlichen jährlichen Wertzuwächsen von acht bis zehn Prozent anderen Anlageformen meist deutlich überlegen.

Neben den Kursrisiken ergeben sich bei Aktienfonds weitere Risiken aus dem jeweiligen Anlageschwerpunkt. Die folgende Checkliste gibt einen Überblick.

Checkliste: Risiken bei Aktienfonds

Anlageschwerpunkt	Risiken
Aktien eines Landes (z. B. deutsche Aktien, britische Aktien)	Abhängig von der Landesbörse, Währungsverluste
Europäische Aktien	Abhängig von der Entwicklung der Euro-Börsen, eher geringe Kursschwankungen
Internationale Aktien	Währungsverluste, geringe Kursschwankungen
Osteuropa, Asien, Lateinamerika	Wirtschaftliche Instabilität der Länder, hohe Kursschwankungen, Währungsverluste
Neue Märkte	Hohe Kursschwankungen, hohe Verlustrisiken
Branchenfonds	Einseitige Ausrichtung, überdurchschnittliche Verluste bei Branchenkrise, evtl. Währungsverluste

Welche Risiken haben Rentenfonds?

Entgegen einer weit verbreiteten Einschätzung gibt es bei Rentenfonds ebenfalls Risiken. Sie sind in der Regel zwar nicht so extrem wie bei Aktienfonds, können das Ergebnis der Fondsanlage aber dennoch beeinflussen. Die Kursschwankungen bei Rentenfonds werden maßgeblich verursacht durch die tatsächliche Renditeentwicklung und die Erwartung der Rentenmärkte über die Entwicklung der Rendite in der Zukunft.

Grundregel für Rentenmärkte

Dabei gilt folgende Grundregel: Steigende Renditen führen zu fallenden Kursen bei Anleihen. Die Kurse fallen dabei um so tiefer, je länger die Laufzeit und je niedriger die Verzinsung der Anleihe ist. Fallen dagegen die Renditen, steigen die Kurse der an den Börsen gehandelten festverzinslichen Wertpapiere. Anleihen mit langer Laufzeit und hoher Verzinsung verzeichnen dann besonders hohe Kursgewinne.

Die richtige Wahl von Rentenfonds

Meiden Sie in Phasen niedriger Renditen Rentenfonds, die zu stark auf langlaufende Anleihen setzen. Dort sind die Gefahren hoher Kursverluste bei einem Zinsanstieg am größten. Setzen Sie in Phasen hoher Renditen dagegen auf Rentenfonds, die in lang laufende Anleihen investiert haben. Bei einem Renditerückgang verzeichnen sie die höchsten Kursgewinne.

Achtung Währungsverluste

Für international anlegende Rentenfonds gilt im Übrigen das Gleiche wie bei international anlegenden Aktienfonds. Sie enthalten ein beachtliches Währungsrisiko, das anders als bei Aktienfonds dazu führen kann, dass der Anleger echte Verluste hinnehmen muss. Dann reichen oftmals die überdurchschnittlich hohen Zinsen, die diese Fonds bei der Anlage der Gelder in hoch verzinsliche Anleihen erwirtschaften, nicht mehr aus, um diese Verluste wettzumachen.

Unter dem Aspekt der Sicherheit fahren deutsche Anleger bisher mit deutschen oder europäisch anlegenden Rentenfonds am besten. Denn hier entfällt das Währungsrisiko. Sicherheitsorientierte Anleger sollten in Zukunft verstärkt auf Rentenfonds mit Anlageschwerpunkt Europa setzen. Denn diese Fonds dürften bei gleicher Sicherheit wie deutsche Rentenfonds etwas höhere Renditen erwirtschaften.

Schauen Sie in die Fondsprospekte

Weitere Klarheit, ob die Anlagestrategie eines Fonds und die persönliche Anlagestrategie zusammenpassen, verschafft die intensive Lektüre der Verkaufsprospekte sowie Rechenschafts- und Halbjahresberichte der Fondsgesellschaften. Diese sollten Sie auf jeden Fall bei den Gesellschaften, deren Fonds in die engere Wahl fallen, anfordern. Keine Fondsgesellschaft wird sich einem solchen Anliegen verschließen. Denn nach dem Gesetz über Kapitalanlagegesellschaften (KAGG) ist sie ohnehin verpflichtet, diese Unterlagen dem Anleger beim Kauf zu übergeben.

Die Performance als Auswahlkriterium

Wenn Sie sich für einen Fondstyp mit einer bestimmten Anlagestrategie entschieden haben, haben Sie aber noch lange nicht den besten Fonds gefunden. Denn in den einzelnen Fondssegmenten gibt es eine Vielzahl von Fonds, die die gleiche oder eine ähnliche Anlagestrategie verfolgen. Wichtig bei der Wahl des richtigen Fonds ist es dann, denjenigen Fonds zu finden, dessen Fondsmanagement die besten Ergebnisse erzielt.

Der über lange Jahre gängigste Maßstab war die Performance (Wertentwicklung) nach der Methode des Bundesverbandes Deutscher Investmentgesellschaften (BVDI). Die Performance gibt an, wie sich der Wert eines Fondsanteils zwischen zwei Zeitpunkten entwickelt. Es gibt Performance-Berechnungen für Zeiträume, die von einem Monat bis zu 20 Jahren reichen. Die BVI-Performance gibt dabei die durchschnittliche prozentuelle Änderung des Wertes der Fondsanteile im jeweilig betrachteten Zeitraum an.

Beispiel 1: Adifonds

Die Performance-Berechnung für den Aktienfonds Adifonds zum 31. Dezember 1999 ergab nach der BVI-Methode folgende Ergebnisse: Performance für ein Jahr: 40,2 Prozent; Performance für fünf Jahre: 27,0, Performance für zehn Jahre: 14,0. Auf das Einjahresergebnis bezogen heißt das: Wenn Sie zum Jahresanfang 1999 10 000 DM angelegt hatten, so war der Wert der Anlage nach der BVI-Methode auf 14 200 DM gestiegen.

Wichtig bei der Berechnung: Es werden nur Rücknahmepreise als Berechnungsgrundlage verwendet; das heißt, Gebühren bei der Ausgabe und der Rücknahme der Anteile werden nicht berücksichtigt. Grund: Auf diese Weise wird eine einheitliche Grundlage geschaffen, mit der man die Leistung der Fondsmanager genau vergleichen kann. Dagegen wird bei der Berechnung der Performance unterstellt, dass die zwischenzeitlichen Ausschüttungen immer wieder vollständig in neue Anteile investiert wurden.

Die Performance-Berechnung nach der BVI-Methode ist immerhin ein erster Schritt, die Spreu vom Weizen zu trennen. Denn die Ergebnisse liefern einen Hinweis auf die Leistungsfähigkeit des jeweiligen Fondsmanagements. Dabei sollte der Anleger vor allem die Ergebnisse über längere Zeiträume besonders genau beachten. Denn der Spitzenplatz bei Monats- oder Einjahresvergleichen kann auch von Zufällen abhängen. Wie gut oder wie schlecht ein Fondsmanagement mit dem Geld der Anleger arbeitet, entscheidet sich dagegen meist über längere Zeiträume.

Beachten Sie die Ergebnisse langfristiger Zeiträume!

Sie sollten als Maßstab für die Qualität eines Fondsmanagements am besten Fünf- oder Zehnjahreszeiträume nehmen. Freilich sind Sie dann immer noch nicht auf der ganz sicheren Seite. Denn in regelmäßigen Abständen wechselt auch das Fondsmanagement und damit kann sich auch die Performance zum Schlechten wenden. Achten Sie deshalb bei einem Wechsel im Fondsmanagement besonders genau auf die Wertentwicklung.

Verfeinerung der Performance-Messung

Für eine Erweiterung der Performance-Berechnung sorgte das private Unternehmen Finanz-Computer-Service (FCS). Mit der so genannten FCS-Methode setzt das Unternehmen nämlich dort an, wo der BVI aufhört: Bei der Performance-Messung berücksichtigt die FCS-Methode auch den Ausgabeaufschlag. Außerdem können mit dieser Methode Renditen errechnet werden, die die jeweilige steuerliche Situation des Anlegers berücksichtigen.

Beispiel 2: Adifonds
Nach der BVI-Methode konnten Sie sich als Anleger des Adifonds am Jahresende auf dem Papier über ein Vermögen von 14 200 DM freuen. Der Wertzuwachs nach der FCS-Methode für den gleichen Zeitraum beträgt aber nur 33,4 Prozent. Der Grund: Bei dieser Berechnung ist berücksichtig, dass Sie beim Kauf der Adifonds-Anteile einen Ausgabeaufschlag von fünf Prozent bezahlen mussten.

Die Performance ist freilich aus mehreren Gründen als alleiniger Maßstab für die Beurteilung der Leistungsfähigkeit einer Fondsgesellschaft nicht geeignet:

- Erstens handelt es sich um die Betrachtung einer Leistung in der Vergangenheit. Eine Garantie, dass diese Leistungen auch in Zukunft so bleiben, kann kein Berater oder Fondsmanager geben.
- Die Performance ist zweitens auch deswegen eine relative Größe, weil sie in Bezug gesetzt werden muss zur Entwicklung des jeweiligen Marktsegments.

Beispiel
Wenn ein deutscher Aktienfonds, der ausschließlich in die 30 Werte des deutschen Börsenbarometers DAX investiert, innerhalb eines Jahres ein Plus von 20 Prozent erwirtschaftet hat, ist das für den Fondssparer zunächst eine schöne Sache. Wenn der DAX im gleichen Zeitraum um 35 Prozent gestiegen ist, hat das Fondsmanagement aber sicher etwas falsch gemacht.

- Die Performance hat drittens außerdem die Schwäche, dass sie stichtagsbezogen ist. Für einen Anleger, der die Fondsanteile ein halbes Jahr vor oder nach dem Stichtag gekauft hat, kann die Performance-Messung schon wieder völlig anders aussehen.

Zur besseren Bewertung von Fondsergebnissen wurden in der Vergangenheit deshalb eine Vielzahl weiterer Kennzahlen entwickelt, die sich vor allem in den Fondsranglisten einer Vielzahl von Publikationen finden. Folgende Checkliste gibt einen Überblick über diese Kennzahlen:

Checkliste: Fondskennzahlen

Kennzahl	Aussage
Monatlich gleitende Durchschnitte	Dabei wird für immer um einen Monat verschobene Stichtage (z. B. fünf Jahre) die Performance gemessen. So erhält man das beste und schlechteste Ergebnis über einen solchen Zeitraum. Beispiel Adifonds: Das beste Fünfjahresergebnis brachte 25,8 %im Durchschnitt, das schlechteste minus 2,2 % im Schnitt.

Risikofaktor	Er misst die Schwankungsbreite der Fondsanteile während einer Anlageperiode. Beim Adifonds betrug sie zum Jahresende 1999 25,7 %. Das bedeutet, dass bei einer Ein-Jahres-Performance von 42 % das beste Ergebnis plus 67,7 %, das schlechteste 16,3 % betrug.
Elastizität	Sie misst, wie sich ein Fonds während einer Anlageperiode zum Gesamtmarkt bzw. zu einem bestimmten Index verhält. Liegt die Elastizität bei 1, verhält sich der Fonds wie der Gesamtmarkt, ist sie kleiner als 1, reagiert der Fonds schwächer auf Marktausschläge, ist sie größer als 1, so wirken sich zum Beispiel Kursverluste stärker aus.
Volatilität	Sie sagt aus, wie groß die Kursschwankungen der Anteilspreise bei einem Fond sind. Je größer die Zahl, desto größer das Kursrisiko.
Sharpe-Ratio	Diese Kennzahl misst, mit welchem Risiko eine bestimmte Rendite erzielt wurde. Eine hohe Zahl bedeutet, dass eine hohe Rendite mit einem vergleichsweise niedrigen Risiko erzielt wurde.
Out-perfomance	Dieser Maßstab gibt an, mit welcher Wahrscheinlichkeit ein Fonds über einen bestimmten Zeitraum besser abschneidet als ein Index.

Rating von Fonds

Mit den verschiedenen Kennzahlen hat der Anleger zweifellos enorm viele Möglichkeiten, die Qualität eines Fonds einzuschätzen. Ein Nachteil aber bleibt: Alle Zahlen beruhen auf einer vergangenheitsbezogenen Messung der Anlageergebnisse. Der Anleger weiß zwar nun, dass ein Fonds gute oder schlechte Ergebnisse erzielt hat; aber erstens weiß er nicht, ob das in Zukunft so bleiben wird, und zweitens wird dabei nicht klar, auf welche Weise der Fonds seine Ergebnisse erwirtschaftet hat. Denn es kommt auch entscheidend darauf an, ob ein gutes Ergebnis mit soliden Anlagen erreicht wurde oder ob ein Fondsmanagement zur Ergebnisverschönerung gar auf spekulative Anlagen gesetzt hat.

Kurz ausgedrückt: Es kommt nicht nur darauf an, ob ein gutes Ergebnis auf der Verpackung steht, mindestens genauso wichtig ist, was innen drin steckt. Auf einen Investmentfonds bezogen heißt dies, dass ein guter Fonds eine solide Anlagestrategie fährt und keine riskanten Geschäfte eingeht, die den langfristigen Erfolg für den Anleger gefährden. Und schließlich kommt es darauf an, dass es innerhalb einer Fondsgesellschaft auch Kontrollmechanismen gibt, mit denen die Arbeit des Fondsmanagements jederzeit überprüft werden kann.

Qualitative Beurteilung über Ratings

Es lag deshalb schon lange nahe, ein Rating für Investmentfonds einzuführen, das nicht nur quantitativ den Erfolg eines

Fonds misst, sondern mit qualitativen Maßstäben bei der Beurteilung eines Fonds ansetzt. Solche Rating-Konzepte werden schon lange an den weltweiten Anleihemärkten zur Beurteilung der Bonität von Schuldnern eingesetzt.

Führend auf diesem Gebiet sind die beiden Rating-Agenturen Standard Poor's sowie Moody's. Beide sind schon seit einiger Zeit dazu übergegangen, Rating-Konzepte für Investmentfonds zu entwickeln. Es gibt aber zwei Einschränkungen: Bisher können diese Ratings nur für Renten- und Geldmarktfonds angewendet werden. Außerdem ist die Bereitschaft der Fondsgesellschaften, sich diesen Ratings zu unterwerfen, noch nicht sehr ausgeprägt. Folgende Kriterien werden geprüft:

- die Bonität der Wertpapiere, die der Fonds in seinem Portefeuille hält. Ähnlich wie beim Anleihe-Rating wird hier die Bonität der Anleihen untersucht. Besteht das Portfolio des Fonds ausschließlich aus festverzinslichen Wertpapieren von Schuldnern mit zweifelsfreier Bonität, wirkt sich dies positiv auf die Fondsbewertung aus;
- die Laufzeitenstruktur der Wertpapiere. Dabei gilt: Je länger die Laufzeit, desto größer die Risiken von Kursschwankungen und möglicherweise auch Zahlungsausfällen.
- Das Fondsmanagement wird ferner aufgrund ausführlicher Gespräche beurteilt. Außerdem werden die Organisation der Fondsgesellschaft, ihre Geschäftsstrategie samt finanzieller Situation sowie die gesamte Organisation des Portfoliomanagements und der Fondsverwaltung untersucht.

- Eine wichtige Rolle spielt ferner die Frage, ob es bei der Fondsgesellschaft vom jeweiligen Fondsmanagement unabhängige Stellen gibt, die die Bonität der Anlagen ebenfalls prüfen.

Prüfen Sie vor dem Kauf die Rechenschaftsberichte

Das Rating ist sicher ein wichtiges Instrument, um Stärken und Schwächen eines Fonds transparent zu machen. Die meisten deutschen Fonds sind bisher aber nicht bereit, sich einem Rating zu unterziehen. Deswegen sollten Sie unbedingt Verkaufsprospekte und die Rechenschaftsberichte genau anschauen. Dort ist unter anderem aufgelistet, in welche Anlagen der Fonds investiert und wie es um seine Liquidität bestellt ist.

Worauf Sie beim Kauf achten müssen

Beim Kauf von Investmentfonds ist es hilfreich, sich auf eine kompetente Beratung verlassen zu können – doch um die ist es in Deutschland nicht immer gut bestellt. Lesen Sie, wo Sie Fondsanteile kaufen können und was sie bei der jeweiligen Anlaufstelle unbedingt beachten müssen.

Kauf von Investmentfonds bei der Bank

Wenn Sie sich für den Vermögensaufbau oder die Altersvorsorge mit Investmentfonds entscheiden, haben Sie viele Möglichkeiten, sich über Investmentfonds zu informieren.

Ein Anleger, der sich mit dem Gedanken trägt, seine Ersparnisse oder einen Teil davon in Investmentfonds anzulegen, denkt sicher zunächst einmal an den Gang zur Hausbank. Dieser Gedanke liegt auch nahe, bestehen in vielen Fällen doch schon persönliche Beziehungen zum Berater vor Ort. Der Gedanke muss auch nicht falsch sein. Dennoch sollte der Anleger sorgfältig prüfen, ob er auf diesem Wege zu einem optimalen Ergebnis für seine Investmentanlage kommt. Denn viele Banken betreiben das Massengeschäft bei kleineren Anlagebeträgen nach standardisierten Vorgaben; die individuelle Beratung kommt dabei meist zu kurz. Ein Anleger, der bei seiner Hausbank Fondsanteile kaufen will, sollte seine Entscheidung daher vor allem von zwei Punkten abhängig machen:

- einer qualifizierten Beratung und
- einem umfassenden, attraktiven Fondsangebot der Bank.

Beratern nicht blind vertrauen

Das Wertpapierhandelsgesetz von 1995 schreibt den Banken vor, dass sie ihre Kundschaft mit „Sachkenntnis, Sorgfalt und Gewissenhaftigkeit" beraten sollen. Das ist in der Praxis aber leichter gesagt als getan.

Ob und wie gut der persönliche Berater ist, muss der Anleger deshalb selbst in Erfahrung bringen – wenn er sie nicht schon gemacht hat. Die Tauglichkeit eines Beraters erweist sich am besten in einem Beratungsgespräch. Ein guter Berater, der seinen Kunden ernst nimmt, wird sich gerade bei einem Neueinsteiger besonders viel Zeit nehmen und im Gespräch folgende Punkte ansprechen:

- Wie sieht die finanzielle Situation des Anlegers aus, welche Pläne für die Zukunft bestehen?
- Erfassen der persönlichen Daten (Alter, Beruf, Familie, Kinder, Ausbildung).
- Wie sieht die steuerliche Situation des Anlegers aus?
- Wird das angelegte Vermögen für die Altersvorsorge benötigt? Soll damit eine zusätzliche Altersvorsorge aufgebaut werden? Gibt es Lücken in der Altersvorsorge?
- Welche Reserven benötigt der Anleger, auf die er kurzfristig zurückgreifen können muss?

Ist so im Beratungsgespräch der Rahmen abgesteckt worden, sollte sich der Berater anschließend ausführlich mit der Anlagementalität des Anlegers befassen. Konkret heißt dies, er sollte sich vor allem ein Bild über die Bereitschaft des Anlegers verschaffen, Risiken beim Kauf von Investmentanteilen einzugehen. Dazu gehört auch die Frage, ob der Anleger schon früher Erfahrungen mit der Anlage von Geld in Wertpapieren gesammelt hat.

Der Anleger sollte in einem solchen Gespräch dem Berater klar machen, wie es um seine Erfahrungen bestellt ist. Sind Wertpapiergeschäfte für ihn Neuland, dann sollte er das auch deutlich sagen, der Berater könnte sonst auf die falsche Fährte gelockt werden. Der Anleger sollte sich ferner nicht scheuen nachzufragen, wenn der Berater Fachbegriffe verwendet, die ihm nicht geläufig sind.

Beim Rechtsstreit helfen nur schriftliche Beweisstücke

Bei einem solchen Gespräch wird der Berater auch einen Fragebogen zur Durchführung von Wertpapierdienstleistungen vorlegen. Dazu sind die Banken nach § 31 des Wertpapierhandelsgesetzes verpflichtet. Füllen Sie die Angaben sorgfältig und gewissenhaft aus. Denn in einem möglichen Rechtsstreit ist dieser Fragebogen ein Beweismittel.

Ist das Beratungsgespräch zur Zufriedenheit des Anlegers verlaufen, können anschließend eine Anlagestrategie und die Auswahl der Fonds in Angriff genommen werden. Aber auch hier können sich leicht Hürden auftürmen. Denn ein entscheidender Punkt ist die Frage, welche Fonds der Berater dem Anleger anbieten kann. Ein guter Bankberater ist bei der Auswahl der Fonds in der Lage, zu allen in Frage kommenden Fonds die relevanten Daten zu beschreiben. Dazu gehören die Anlagestrategie des Fonds, die Wertentwicklung über einen längeren Zeitraum, die Entwicklung im Vergleich zur Konkurrenz und das Risikopotenzial.

Ferner sollte er auch über die anfallenden Kosten informieren. Dazu gehören nicht nur der Ausgabeaufschlag, sondern auch die Höhe der vom Fonds erhobenen Verwaltungsgebühren sowie die Kosten bei einem Fondstausch und die Depotgebühren.

Checkliste: So erkennen Sie schlechte Berater

■ Der Berater flüchtet sich in Fachausdrücke, die Sie nicht verstehen.
■ Der Berater kann Ihnen Fachausdrücke nicht nachvollziehbar erklären.
■ Der Berater versucht, Sie mit einfachen Performance-Listen zu einem bestimmten Fonds zu überreden.
■ Der Berater klopft nicht sorgfältig Ihre finanziellen Verhältnisse und Ihre Risikobereitschaft ab.
■ Der Berater versucht mit allen Mitteln, Ihnen hauseigene Fonds anzudrehen.
■ Der Berater versucht, Sie ohne echte Begründung zum Kauf anderer Produkte, z. B. zum Kauf einer Lebensversicherung zu überreden.
■ Der Berater unterbricht laufend das Beratungsgespräch für andere Angelegenheiten.
■ Der Berater weicht einer konkreten Anlageempfehlung aus.

Vorsicht bei hauseigenen Produkten

Sinnvoll ist eine Fondsanlage bei einer Bank aber nur dann, wenn die entsprechend leistungsfähigen Fonds zur Verfügung stehen. Das ist aber noch nicht bei jeder Bank der Fall. Denn die großen Privatbanken sowie die Sparkassen und Volksbanken haben meist eigene Investmentgesellschaften (Kapitalanlagegesellschaften), deren Produkte die jeweiligen Hausbanken zuallererst an ihre Kundschaft verkaufen wollen.

Für einen Anleger kann das schnell zu einem schlechten Geschäft werden. Denn eine Investmentgesellschaft schafft es nur selten, über die gesamte Breite der Fondspalette Spitzenergebnisse bei der Wertentwicklung zu erwirtschaften. Die Folge: Viele Berater können ihren Kunden nur zweitklassige Fonds anbieten.

Darauf sollte sich ein Anleger aber nicht einlassen. Zwei Möglichkeiten gibt es dann: Entweder er geht zu einer anderen Bank oder gar zu einem freien Finanzdienstleister; oder der Berater ist in der Lage, bessere Fondsprodukte von einer Konkurrenz-Investmentgesellschaft zu besorgen.

Bleiben Sie im Beratungsgespräch selbstbewusst!

Lassen Sie sich vom Bankberater in einer solchen Situation nicht beeindrucken. Er wird zwar alles tun, Ihnen hauseigene Fonds zu verkaufen. Wenn er aber spürt, dass er Sie als Kunde verliert, wird er sich in vielen Fällen doch auf Ihre Wünsche einlassen. Denn bei vielen Banken und Sparkassen reift allmählich die Einsicht, dass sie ihren Kunden nicht mehr nur hauseigene Fonds anbieten können. Sie haben deshalb auch Vertriebsvereinbarungen mit großen ausländischen Investmentgesellschaften und können deshalb für ihre Kunden problemlos alle in Deutschland vertriebenen Fondsprodukte besorgen.

Gebühren beim Investmentfondskauf

Egal, ob ein Investmentfonds gute oder schlechte Ergebnisse erwirtschaftet, der Anleger wird in der Regel beim Kauf der Anteile bei der Bank mit einer Gebühr belastet. Diese Gebühr wird als Aufschlag auf den Rücknahmepreis berechnet. Deswegen ist der Ausgabepreis bei Investmentfonds immer höher als der Rücknahmepreis (siehe Kapitel „Auf dem Weg zum Investmentprofi", Seite 7 ff.).

Die Höhe des Ausgabeaufschlags sollte zwar nicht das einzig ausschlaggebende Kriterium bei der Wahl eines Fonds sein. Dennoch lohnt sich ein Blick darauf, weil die Spannen in den einzelnen Fondssegmenten teilweise erheblich auseinandergehen, wie folgende Tabelle zeigt:

Gebührenübersicht

Fondskategorie	Gebühren in %
Aktienfonds Deutschland	1 bis 7,53
Länder-Aktienfonds	2 bis 6,5
Aktienfonds Europa	1 bis 7,5

Aktienfonds USA	1 bis 6,5
Aktienfonds Asien	4 bis 6,5
Aktienfonds Lateinamerika	4 bis 6
Aktienfonds Osteuropa	3 bis 6
Emerging-Market-Fonds	4 bis 6,7
Aktienfonds international	2,5 bis 6,7
Branchenfonds	1 bis 6,7
Dachfonds	1,75 bis 5,25
Altersvorsorgefonds	2,5 bis 5,26
Mischfonds	1 bis 6
Rentenfonds Deutschland	2 bis 5
Rentenfonds Europa	1, bis 5,33
Rentenfonds international	1 bis 5,92
Geldmarktfonds	0 bis 5,33
Offene Immobilienfonds	5 bis 5,5

Mit diesen Gebührenspannen geben sich die Fondsgesellschaften aber noch lange nicht zufrieden. Jährlich verlangen sie außerdem eine Verwaltungsgebühr von 0,4 bis zwei Prozent, die meist quartalsweise vom Fondsvermögen abgezogen wird, ohne dass es der Anleger so richtig bemerkt. Der Anleger muss außerdem zusätzlich mit Gebühren für die Verwahrung der Anteile im Depot bei der Bank rechnen. Ausnahme: Er führt ein Konto direkt bei der Investmentgesellschaft oder er hat bei der Bank Investmentanteile einer Fondsgesellschaft gelagert, die ein Tochterunternehmen der Bank ist.

Achtung: Versteckte Gebühren bei No-Load-Fonds!

Eine weitere Möglichkeit, den Ausgabeaufschlag zu sparen, sind Investmentfonds ohne Ausgabeaufschlag (No-Load-Fonds). Inzwischen hat fast jede Fondsgesellschaft einen solchen Fonds im Angebot. Sie eignen sich besonders für Anleger, die keinen längeren Anlagehorizont haben, sondern möglicherweise aus spekulativen Gründen öfters von einem Fonds zu einem anderen wechseln wollen. No-Load-Fonds gibt es freilich nicht wirklich kostenlos: Für den Verzicht auf den Ausgabeaufschlag halten sich die Fondsmanager vielmehr mit einer höheren Verwaltungsgebühr schadlos. Deswegen eignen sich solche Fonds auch wirklich nur für kürzere Anlagehorizonte. Nach vier oder fünf Jahren fährt der Anleger auf jeden Fall schlechter als mit einem konventionellen Fonds.

Bei Ausgabeaufschlägen handeln!

Obwohl die Ausgabeaufschläge auf dem Papier feststehen, hat der Wettbewerb um die Kundschaft zwischen Banken, Direktbanken und freien Finanzdienstleistern dazu geführt, dass Sie beim Ausgabeaufschlag Abschläge aushandeln können. Die Bereitschaft bei Banken ist dabei zwar nicht besonders hoch, aber gerade bei hohen Anlagebeträgen steigt die Bereitschaft, einen Teil des Aufschlags zu erlassen. Die Auswirkungen auf die kurzfristige Performance können erheblich sein.

Worauf achten bei freien Finanzdienstleistern und Fondsshops?

Die oftmals mangelhafte Beratung bei Banken und das gleichzeitig gestiegene Interesse an der Investmentanlage hat dazu geführt, dass viele freie, bankenunabhängige Finanzdienstleister und Versicherungsvermittler ins Geschäft mit der Vermittlung von Investmentanteilen eingestiegen sind. Dabei kann es sich um selbstständige Vermittler handeln oder auch um so genannte Fondsshops, die es inzwischen in vielen größeren Städten gibt.

Freilich muss der Anleger auch hier aufpassen: Denn Bankenunabhängigkeit hat noch lange nichts mit einer qualifizierten Betreuung des Kunden zu tun. Bei der Wahl eines freien Vermittlers oder beim Gang in den Fondsshop muss der Anleger deshalb den jeweiligen Kandidaten auf Herz und Nieren prüfen, ob er tatsächlich geeignet ist, die richtigen Entscheidungen bei der Investmentanlage zu treffen.

Das ist schon alleine deswegen notwendig, weil es für Vermittler von Investmentfonds noch keine einheitlichen Qualifikationsnachweise für die Aufnahme dieser Tätigkeit gibt. Es genügt vielmehr schon eine gültige Gewerbeerlaubnis nach § 34c der Gewerbeordnung, um ins Geschäft mit der Vermittlung von Fonds einsteigen zu können. Das bedeutet im Prinzip, dass schon ein Immobilienmakler, der in seinem eigentlichen Geschäft mit einer Flaute zu kämpfen hat, einfach umsteigen und den Kunden, die er in seiner Kartei führt, Investmentfonds anbieten kann.

Ein Anleger, der mit einem freien Vermittler ins Geschäft kommen will, sollte deshalb nach Qualifikationsnachweisen fragen. Denn in Deutschland gibt es schon einige qualifizierte Studiengänge mit dem Ziel, die Absolventen zu Finanz- und Anlageberatern auszubilden.

Der Qualifikationsnachweis ist das eine, das Angebot an Dienstleistungen für den Kunden das andere. Wie schon bei den Banken gilt auch beim freien Vermittler: Er muss gegenüber dem Kunden unter Beweis stellen, dass er nicht nur darauf aus ist, die Vermittlungsprovision zu kassieren, sondern sich auch die Zeit für ein ausführliches Beratungsgespräch nimmt. Ein Vermittler, der schon gleich zu Beginn des Gesprächs die ultimative Lösung parat hat, hat kein Interesse, die Belange des Kunden zu berücksichtigen.

Wie gut oder wie schlecht ein Vermittler ist, lässt sich auch daran ablesen, wie viele Fonds er in seiner Angebotspalette hat. Ist er in seiner Vermittlungstätigkeit nur an wenige Investmentgesellschaften gebunden, besteht die Gefahr, dass er bei der Wahl der Fonds nicht nach objektiven Kriterien vorgehen kann. Es versteht sich schließlich von selbst, dass er die Anlagestrategie der einzelnen Fonds gut kennt, die Kostenstrukturen ohne Umschweife erklären kann und zudem einen guten Überblick über die Entwicklung an den Finanzmärkten hat. Denn nur dann kann er mit dem Anleger eine sinnvolle Anlagestrategie entwickeln.

Vorsicht bei Alleskönnern!

Fragen Sie den Vermittler danach, ob er neben Investmentfonds andere Produkte wie Bausparverträge oder Versicherungen vermittelt. Je breiter das Angebot des freien Vermittlers ist, desto größer ist die Wahrscheinlichkeit, dass die Beratungsqualität bei den einzelnen Produkten leidet. Halten Sie außerdem das Beratungsgespräch mit Hilfe von Beratungsprotokollen schriftlich fest. Kommt es später zu Haftungsstreitigkeiten vor Gericht, sind das wichtige Beweismittel.

Das Angebot von Fondsshops

Zu den zweifellos interessanten Entwicklungen bei den freien Finanzdienstleistern gehören die so genannten Fondsshops, die in den vergangenen Jahren in Deutschland wie Pilze aus dem Boden geschossen sind. Es dürften inzwischen hierzulande weit über 100 sein. Diese Fondsshops konzentrieren sich ganz ausschließlich auf den Vertrieb von Investmentfonds.

Fondsshops haben gegenüber einzelnen freien Vermittlern viele Vorteile. Denn in der Regel bieten sie die breiteste Palette an Fonds in Deutschland an. Sie haben nicht nur Vertriebsverträge mit deutschen Investmentgesellschaften, sondern auch meist die ganze Palette der großen ausländischen Investmentgesellschaften im Angebot.

Ein weiterer Vorteil: In den Fondsshops beraten meist mehrere Mitarbeiter die Kundschaft. Sie kooperieren außerdem teilweise miteinander und können so beim Fonds-Research ihre Kräfte bündeln. Auf diese Weise kann das gesamte Fondsangebot in Deutschland besser analysiert werden, als dies ein freier Vermittler als Einzelkämpfer tun kann.

Bei den Initiatoren der Fondsshops ist außerdem deutlich erkennbar, dass in der Beratung der Kundschaft ein hohes Niveau angestrebt wird. So haben sich viele unabhängige Investmentfondsberater im Bundesverband Deutscher Investmentberater (BVDI; Adresse: Kieler Strasse 357-359, 22525 Hamburg, Tel.: 040/545452, Fax: 040/545355, Internet: www.bvdi-ev.de) zusammengeschlossen. Mitglied im Verband können nur Fondsberater werden, die profunde Kenntnisse in diesem Bereich aufweisen. So verlangt der BVDI als Aufnahmekriterium eine abgeschlossene Bankausbildung oder ein abgeschlossenes Studium der Wirtschafts- oder Rechtswissenschaften oder eine Registrierung als Finanzdienstleistungsinstitut durch das Bundesaufsichtsamt für das Kreditwesen; ferner muss die Beratung in gewerblich genutzten Räumen stattfinden und das Haupttätigkeitsgebiet die Investmentberatung sein.

Auf längere Sicht könnte die Registrierung von Fondsshops als Finanzdienstleistungsinstitut beim Bundesaufsichtsamt für das Kreditwesen ein echtes Qualitätssiegel werden. Dazu sind freie Finanzdienstleister nach der 6. Novelle des Kreditwesengesetzes verpflichtet, wenn sie unter anderem folgende Kriterien erfüllen:

- die gewerbliche Vermittlung von Anlagen wie Investmentfonds,
- die Verwaltung von Kundenvermögen mit eigenem Entscheidungsspielraum, wenn zum Beispiel eine Verwaltungsvollmacht des Kunden vorliegt,
- der mögliche Zugang zum Vermögen des Kunden durch eine Kontovollmacht, bei Entgegennahme von Geld zur Weiterleitung an eine Investmentgesellschaft oder durch Annahme von Fondsanteilen bei der Rücknahme.

Erfüllt ein Finanzdienstleister diese Voraussetzungen, muss er sich beim Bundesaufsichtsamt für das Kreditwesen eine Erlaubnis für seine Tätigkeit holen.

Wie Sie Gebühren sparen können

Ähnlich wie bei den Banken sind die Möglichkeiten, Gebühren oder Kosten zu sparen, bei einem freien Vermittler oder einem Fondsshop eher gering. Denn der Ausgabeaufschlag ist die Provision des Vermittlers, von der seine Existenz abhängt. Deshalb muss ein Anleger schon sehr hohe Anlagebeträge mitbringen, ehe sich ein Vermittler aufs Handeln einlässt.

Freilich hat der Kunde bei der laufenden Verwaltung weniger Kosten als bei der Bank. Denn beim Kauf von Fondsanteilen bei einem Vermittler oder Fondsshop fließt das Geld direkt auf ein Konto bei der Investmentgesellschaft. Für diese Investmentkonten verlangen die Fondsgesellschaften aber entweder keine oder allenfalls eine geringe Depotgebühr. Das Investmentkonto hat außerdem weitere Vorteile: Will der Kunde von einem Fonds der Gesellschaft zu einem anderen der gleichen Gesellschaft wechseln (switchen), fällt oftmals kein oder nur ein verringerter Ausgabeaufschlag an. Außerdem kann der Anleger bei einem Investmentkonto Ausschüttungen zum Rücknahmepreis anlegen.

Anlagegelder sind bei Fondsshops sicher!

Die Tatsache, dass das Geld des Anlegers direkt von seinem Konto auf ein Konto der Investmentgesellschaft fließt, garantiert übrigens, dass ein Fondsshop das Geld des Anlegers nicht in falsche Kanäle leiten kann. Die Angst vieler Anleger, dass freie Vermittler oder Fondsshops Anlegergelder veruntreuen könnten, ist daher nicht begründet. Banken benützen dieses Argument oft, um ihre Kunden zu halten. Lassen Sie sich davon nicht beeindrucken.

Das Angebot der Direktbanken

Anleger, die bei der Investmentanlage auf Beratung angewiesen sind, sind bei guten Bankberatern oder qualifizierten freien Vermittlern oder Fondsshops am besten aufgehoben. Denn wer sich an den Finanzmärkten nicht auskennt und einzelne Fondsprodukte deswegen nicht einzuschätzen weiß, der sollte es nicht auf eigene Faust versuchen.

Anders sieht es bei Anlegern aus, die gelernt haben, ihre Ersparnisse selbst zu verwalten. Wer über die notwendigen Kenntnisse und Erfahrungen an den Finanzmärkten verfügt, ist auf eine qualifizierte Beratung nicht unbedingt angewiesen – und er kann damit eine Menge Geld sparen. Auch für diesen Anleger gibt es inzwischen ein vielfältiges Angebot, günstig Investmentfonds zu kaufen. Dafür sorgen die Direktbanken oder Discount-Broker in Deutschland. Dabei handelt es sich um Banken, die auf ein aufwendiges und kostenträchtiges Filialnetz verzichten. Das Geschäft mit den Kunden wird vielmehr per Brief, Telefon, über Fax oder per Computer über das Internet abgewickelt.

Der Vorteil dieser Direktbanken: Sie sparen erheblich an Kosten und können diese in Form von niedrigerer Gebühren an die Kundschaft weitergeben. Das Angebot der einzelnen Direktbanken ist dabei recht unterschiedlich: Einige bieten fast die gesamte Palette der Bankdienstleistungen an, andere konzentrieren sich als echte Discount-Broker ausschließlich auf das Wertpapiergeschäft. Allen gemeinsam ist jedoch, dass sie Anteile an Investmentfonds meist kostengünstiger verkaufen als Banken oder freie Finanzdienstleister.

Dabei arbeiten die Direktbanken noch mit sehr unterschiedlichen Preismodellen. So verzichten einige Anbieter bei manchen Fonds komplett auf den Ausgabeaufschlag. Bei den meisten Angeboten gibt es einen Rabatt auf den Ausgabeaufschlag, der je nach Fonds von 20 bis zu 75 Prozent des regulären Aufschlags reicht.

Beispiel: Voller oder reduzierter Ausgabeaufschlag

Um welche Beträge es dabei gehen kann, zeigt folgende Beispielrechnung: Angenommen, ein Anleger investiert 20 000 DM in einen Aktienfonds mit einem Ausgabeaufschlag von 4 Prozent. Dann besitzt er aber nur

Anteile im Wert von rund 19 230 DM. Die restlichen 770 DM werden ihm als Ausgabeaufschlag abgezwackt. Verlangt die Direktbank nur den halben Aufschlag, so sind es nur noch 393 DM, die an Ausgabeaufschlag fällig werden.

Freilich hat die Preisgestaltung bei den Direktbanken auch Tücken. So verzichten einige Anbieter auf den Ausgabeaufschlag oder geben einen Rabatt, verlangen aber auf der anderen Seite eine Provision wie beim Kauf von Aktien. Viele Direktbanken verlangen auch Mindestanlagesummen von 5 000 DM. Anleger, die weniger Geld investieren, müssen dagegen den vollen Aufschlag bezahlen. In manchen Fällen staffeln die Direktbanken die Rabatte für den Ausgabeaufschlag nach der Höhe der Anlagebeträge.

Und das ist nicht der einzige Wermutstropfen. So halten sich einige Direktbanken für den günstigeren Ausgabeaufschlag mit einer höheren Depotgebühr schadlos. Problematisch kann es auch bei einem häufigen Wechsel innerhalb der Palette einer Fondsgesellschaft werden. Dann werden jedes Mal die (verbilligten) Ausgabeaufschläge fällig.

Nicht blenden lassen von niedrigen Gebühren!

Lassen Sie sich von günstigen Gebührensätzen nicht blenden. Wichtiger als ein niedriger Ausgabeaufschlag ist die Performance der Fonds. Deshalb: Erst die besten Fonds aussuchen, dann den günstigsten kaufen.

Ein weiterer Vorteil der Direktbanken gegenüber konventionellen Banken ist, dass sie meist eine breite Palette mehrerer

Investmentgesellschaften anbieten. Der Anleger ist also nicht auf den Goodwill des Bankberaters angewiesen, der möglicherweise nur hauseigene Fondsprodukte anbieten will.

Bequem ist der Kauf von Investmentfonds bei der Direktbank ferner deswegen, weil man ihn auch zwischendurch von zu Hause aus am Computer erledigen kann. Einige Direktbanken bieten schließlich günstige Konditionen für Investmentsparpläne. Auf Beratung muss der Anleger freilich verzichten. Indes helfen die Direktbanken mit teilweise gutem Informationsmaterial bei der Anlageentscheidung weiter.

Depotkosten bei ausgewählten Direktbanken

Bank	**Konditionen für Einmalanlage**	
	Mindestanlagesumme in DM	**Gebühren für Konto p.a. (in DM)**
Advance Bank	5 000	79
Comdirect	3 000	0,087%
Consors	–	0,087%
Deutsche Bk. 24	–	0,04 % plus 19,56
Direkt Anlage Bank	–	18,78 DM
Entrium Direct B.	–	0,075 %

Kauf von Investmentanteilen bei der Fondsgesellschaft

Eine weitere Möglichkeit, kostengünstig Fondsanteile zu kaufen, ist ein Investmentkonto direkt bei einer Fondsgesellschaft. Alle Investmentgesellschaften bieten solche Konten an. Für den Anleger hat das Konto folgende Vorteile:

- So fallen keine oder nur geringe Depotgebühren an. Werden Gebühren fällig, so sind die Preismodelle allerdings sehr unterschiedlich. Einige Anbieter geben sich dabei mit einem Pauschalpreis je Fonds zufrieden, andere verlangen einen Mindest- oder Höchstpreis.
- Wechselt der Anleger aufgrund einer veränderten Situation an den Finanzmärkten in einen anderen Fonds der Gesellschaft (switchen), fallen oftmals keine oder nur geringe Gebühren an.
- Für die Berechnung von Switchkosten gibt es ebenfalls unterschiedliche Modelle: Bei einigen Fonds sind alle Umschichtungen in Fonds mit niedrigerem oder gleichem Ausgabeaufschlag kostenfrei. Bei anderen sind immerhin mindestens drei Umschichtungen gebührenfrei. Es gibt aber auch Fonds, die nur einen Wechselrabatt auf den Ausgabeaufschlag gewähren oder sich mit einer Mindestgebühr von einem Prozent begnügen.
- Ein weiterer Vorteil des Investmentkontos ist das so genannte Teilliquidationsrecht. Gerät ein Anleger in Geldnöte, kann er davon Gebrauch machen. In diesem Fall kann er einen Teil seiner Anteile verkaufen und sie zu einem spä-

teren Zeitpunkt zum Rücknahmepreis wieder günstig zurückkaufen.

- Einige Fondsgesellschaften gehen auch inzwischen dazu über, bestimmte Leistungen über das Internet anzubieten.

Der Nachteil beim Investmentkonto: Die Kostenvorteile nützen dem Anleger nur etwas, wenn er Anteile von Fonds der Fondsgesellschaft kauft. Immerhin hat das Dritte Finanzmarktförderungsgesetz die Möglichkeiten des Investmentkontos etwas erweitert: Der Anleger kann jetzt auf dem Investmentkonto einer Gesellschaft auch Fondsanteile einer anderen Gesellschaft halten.

Wichtig zum Schluss: Beraten dürfen Fondsgesellschaften nicht. Das ist ihnen von Gesetzes wegen nicht erlaubt. Trotzdem stellen die Fondsgesellschaften ihren Kunden umfangreiches Informationsmaterial zur Verfügung.

Fonds-Picking im Aufwind

Modetrend oder Erfolg versprechendes Anlagekonzept? Die Vermögensverwaltung auf Fondsbasis und was Sie davon haben.

Welche Fondsarten sind auf dem Markt?

Haben Sie schon einmal versucht, den für Sie besten Investmentfonds zu finden? Dann ging es Ihnen sicherlich so wie vielen anderen Anlegern auch: Bei der Vielzahl der in Deutschland zugelassenen Investmentfonds kann man leicht den Überblick verlieren. Die meisten Anleger möchten weder ständig den Fondsmarkt beobachten und analysieren, noch täglich die Entwicklungen auf den internationalen Wertpapiermärkten verfolgen. Es gibt einen Weg, diesem Problem zu entgehen – die Vermögensverwaltung auf Fondsbasis.

Die Schwierigkeit, ein passendes Modell zu finden, beginnt schon häufig mit der Eingrenzung, was unter fondsgebundener Vermögensverwaltung zu verstehen ist. Eine einheitliche Definition gibt es in Deutschland nicht. Immer öfter wird in der Literatur auch der Begriff „Fonds-Picking" verwendet. „Picking" kommt aus dem Englischen und bedeutet „sorgfältig auswählen". Fonds-Picking wird häufig mit der fondsgebundenen Vermögensverwaltung von unabhängigen Vermögensverwaltern gleichgesetzt. Dies ist eine etwas enge Auslegung, denn viele Banken, aber auch einige Investmentgesellschaften bieten, meist jedoch nur mit hauseigenen Fonds, die fondsgebundene Vermögensverwaltung an.

■ Diese Art der Vermögensverwaltung ist keine neumodische Erscheinung; in Großbritannien und den USA ist das Fonds-Picking schon lange verbreitet. Bei uns in Deutschland kennt man es jedoch erst seit den 90er Jahren. ■

Fonds-Picking-Modelle gibt es in verschiedenen Rechtsformen, was für die Sicherheit der Anlage sehr wichtig sein kann. Folgende Arten finden wir regelmäßig:

- Stille Beteiligung,
- Gesellschaft bürgerlichen Rechts (GbR),
- Lebensversicherungen,
- Dachfonds oder Fund of Funds,
- Standardisierte Einzeldepotverwaltung,
- Individuelle Einzeldepotverwaltung.

Investmentfonds und Lebensversicherungen haben den Vorteil, dass sie einer strengen staatlichen Aufsicht unterliegen. Diese beiden Formen haben somit die höchstmögliche rechtliche Sicherheit. Aber auch die unabhängigen Vermögensverwalter werden seit Januar 1998 vom Bundesaufsichtsamt für das Kreditwesen (BAKred) beaufsichtigt. Mit der 6. KWG-Novelle hat der Gesetzgeber einen ersten Schritt zur Regulierung des „grauen Kapitalmarkts", wozu viele der Fonds-Picking-Modelle zu rechnen sind, vollzogen. Wer als unabhängiger Vermögensverwalter arbeitet und keine Bank ist, muss sich beim BAKred eine Genehmigung einholen, um als Finanzdienstleistungsinstitut aktive Finanzportfolioverwaltung betreiben zu dürfen. Finanzdienstleistungsinstitute unterliegen einer ständigen Kontrolle des BAKred und der zuständigen Landeszentralbank.

Vermögensverwalter immer kontrollieren

Lassen Sie sich von einem Fonds-Picker immer seine Erlaubnis zur Finanzportfolioverwaltung nach dem Gesetz über das

Kreditwesen KWG zeigen. Bei Stillen Beteiligungen oder GbR's sollten Sie darauf achten, dass immer ein unabhängiger Mittelverwendungskontrolleur eingeschaltet ist, der für die ordnungsgemäße Verwendung Ihres Geldes sorgt.

Welche Vorteile bieten Fonds-Picking-Modelle?

Wer sich im Anlagebereich nicht auskennt oder nicht genügend Zeit und Gelegenheit hat, aus den über 4 000 in Deutschland vertriebsberechtigten Investmentfonds immer die besten auszuwählen, kann die Aufgabe professionellen Fonds-Pickern übertragen. Aber beachten Sie dabei: Hellseher gibt es auch unter den Anbietern leider keine, auch sie können sich bei ihren Entscheidungen irren. Ein professioneller Fonds-Picker sollte letztlich jedoch in der Lage sein, ein vernünftiges Depot zu strukturieren.

Gehören Sie zu den aktiven Anlegern, die ihr Depot selbst managen und dabei nicht nur die Fonds einer Investmentgesellschaft nutzen möchten, dann kennen Sie die hohe Gebührenbelastung, die auf Sie zukommt, selbst wenn Sie Ihre Geschäfte über eine Direktbank abwickeln. Fonds-Picker können als Großabnehmer häufig deutlich günstigere Kaufkosten in Anspruch nehmen, was Ihnen bei mehrmaligen Dispositionen deutliche Performance-Vorteile bieten kann.

Die meisten Fonds-Picker bieten mehrere Portfolios zur Auswahl, die sich meist im Risiko-Ertrags-Verhältnis unterscheiden. Wenn Sie sich für eine bestimmte Risikostruktur entschieden haben, müssen Sie sich nicht weiter darum kümmern, denn die passenden Anlageentscheidungen erledigt der Manager für Sie. Um das veranschlagte Risiko unter Kontrolle zu halten, verfügen viele Modelle über ein mathematisches Risikokontrollsystem.

Dadurch, dass ein Fonds-Picker in verschiedene Investmentfonds investiert, erreicht er eine sehr breite Streuung der Anlagen, was zu einer deutlichen Risikoreduktion führen kann. Nutzt er dabei noch verschiedene Anlagestrategien und -philosophien, kann das Risiko noch weiter vermindert werden. Ein Einzeldepot kann wegen seiner vergleichsweise relativ niedrigen Anlagesumme meist nicht über die gleiche Streuung verfügen.

Sie können einen Fonds-Picker auch mit einem Trainer der Weltauswahl vergleichen. Er sucht sich die jeweils besten Spezialisten in ihren Gebieten heraus und stellt sie zu einem schlagkräftigen Team zusammen. Die Auswahl der geeigneten Einzelwerte wird dem spezialisierten Fondsmanager vor Ort überlassen.

Beispiel: Breitere Streuung bietet mehr Sicherheit

Angenommen, ein Fonds hat im Mittel 100 verschiedene Aktien. Der Fonds-Picker investiert in 15 verschiedene Fonds. So verfügt man im Extremfall über 1 500 verschiedene Aktien. In der Praxis wird es natürlich bei der Einzeltitelselektion zu Überschneidungen kommen, aber eine Risikominderung findet in jedem Fall statt.

Mit welchen Kosten müssen Sie rechnen?

Selbstverständlich kostet der Service, den Fonds-Picker bieten, Geld. Das Problem ist jedoch, dass es keine festen Regeln gibt. Wegen der in Deutschland bestehenden Vertragsfreiheit kann ein Fonds-Picker seine Gebührenmodelle völlig frei vereinbaren. Dies führt dazu, dass es bei der Gebührengestaltung alle Ausprägungen von „günstig" über „angemessen" bis „hochgradig unseriös" gibt.

Besonders unter die Lupe sollten die einmalige Einstiegsgebühr und die jährlichen Verwaltungskosten genommen werden. Einstiegsgebühren liegen zwischen null und zehn Prozent. Ein kostenloser Einstieg muss nicht zwingend zu einem besseren Ergebnis führen; häufig fallen dann höhere laufende Gebühren an, was langfristig sogar Nachteile hat. Als Anhaltspunkt kann man die Gebühren von Standard-Investmentfonds heranziehen. Aktienfonds kosten meist um die fünf Prozent, Vermögensverwaltungsfonds liegen in der Regel etwas darunter. Deutlich höhere Gebühren sollten Anleger nicht akzeptieren.

Auch die jährlich anfallenden Management- oder Verwaltungsgebühren fallen sehr unterschiedlich aus. In einer Spanne von ein bis fünf Prozent finden Sie verschiedene Gebührenmodelle am Markt. Je höher diese laufenden Gebühren sind, desto stärker wird natürlich auch die Performance beschnitten. Viele Verwalter verlangen auch eine Erfolgsbeteiligung, die abhängig vom erzielten Anlageerfolg berechnet wird. Im Schnitt liegt diese „Performance-fee" bei zehn bis 20 Prozent des Ergebnisses. Letztlich fällt meist noch eine Depot- oder eine Treuhändergebühr an.

Diese Gebühren schmälern häufig das Endergebnis der Geldanlage empfindlich. Letztlich müssen Anleger immer selbst entscheiden, ob sie glauben, dass das jeweilige Modell die Kosten rechtfertigt.

Wichtig ist insbesondere, dass alle Kosten im Prospekt detailliert ausgewiesen werden. Ein seriöser Anbieter wird Ihnen keine Kosten verschweigen.

Beispiel: Fonds-Picking-Gebühren

Die Fa. Fonds-Picker erhebt eine Einstiegsgebühr von fünf Prozent, eine jährliche Verwaltungsgebühr von 1,5 Prozent und eine Gewinnbeteiligung von 15 Prozent des jährlichen Gewinns (inkl. 16 Prozent MwSt.). Kauf- und Verkaufspesen fallen nicht an, aber die Depotbank erhält eine Vergütung von 0,25 Prozent p.a. Die Fa. Fonds-Picker hat in den vergangenen Jahren eine durchschnittliche Rendite von zwölf Prozent p.a., ohne Berücksichtigung der Kosten, erzielt. Das Netto-Ergebnis sieht dann folgendermaßen aus:

Ergebnis vor Kosten	12,0	%
./. Verwaltungsgebühr	1,5	%
./. Gewinnbeteiligung	1,8	%
./. Depotgebühr	0,25	%
= Ergebnis nach Kosten	8,45	%

Die einmalige Einstiegsgebühr wurde bei dieser Berechnung nicht berücksichtigt. Sie schmälert Ihr Ergebnis um so stärker, je kürzer die Anlagedauer ist.

Wenn die Einstiegsgebühr und die Verwaltungsgebühr explizit als Gebühr ausgewiesen und berechnet werden, sind diese Kosten steuerlich abzugsfähig.

Schauen Sie auf die Ergebnisse

Was Anleger neben den Kosten besonders interessieren sollte, sind die Vergangenheitsergebnisse, die der Anbieter erwirtschaftet hat. Die Ermittlung der Ergebnisse ist ein schwieriges Unterfangen, denn im Regelfall verfügen die Fonds-Picker über keine lange Historie. Wenn die Daten mehr als drei Jahre zurückreichen, ist dies schon lange. Ein exakter Ergebnisvergleich ist fast unmöglich, denn es gibt keine einheitliche Performance-Berechnungsmethode. Das führt dazu, dass die Ergebnisse nicht selten so veröffentlicht werden, wie sie gerade passen.

Der eine Anbieter rechnet alle Kosten ein, ein anderer nur einige und manche lassen alle Kosten komplett außen vor. Häufig wird auch nur ein besonders guter Zeitraum herausgegriffen, der dann einfach fortgeschrieben wird. Schwierig wird es vor allem bei der Verwaltung von individueller Einzeldepots. Dort lassen sich die Ergebnisse kaum miteinander vergleichen. Eine Hilfe kann da das Ergebnis eines Musterdepots bieten. Die Ergebnisse der einzelnen Depots können unter Umständen jedoch deutlich davon abweichen.

Immer mehr Anbieter gehen dazu über, ihre Ergebnisse von einem Wirtschaftsprüfer testieren zu lassen. Dies ist ein vorbildlicher Schritt und sollte von allen Anbietern als positives Beispiel zur Nachahmung dienen. Wer glaubt, das korrekte Ergebnis ermittelt zu haben, sollte es mit einem vergleichbaren Investmentfonds überprüfen. War der Standardfonds deutlich besser, ist der Verwalter sein Geld nicht wert. Sind die Ergebnisse ähnlich, ziehen Sie die Risikomasse in den Vergleich ein. Ein Ergebnis von zehn Prozent kann mit einer Volatilität von zehn oder 20 Prozent erzielt werden. Da werden Sie sicherlich das geringere Risiko bei gleichem Ergebnis vorziehen.

Fonds-Picker mit extrem guten Ergebnissen, die deutlich über dem Marktschnitt liegen, sollten Sie misstrauisch machen. Eine deutliche Outperformance konnte auf Dauer bisher noch kein Anbieter nachweisen.

Neben den bisherigen Leistungen sollten auch die fachliche Qualifikation und die Seriosität des Fonds-Pickers geprüft werden. Sind die Produkte vernünftig konstruiert oder ist der Anbieter schon negativ am Markt aufgefallen? Hilfe können Sie bei diversen Verbraucherverbänden finden.

Wie finden Fonds-Picker die erfolgversprechendsten Fonds?

Am Anfang steht die quantitative Analyse. Dies bedeutet, dass im Analysepool alle Investmentfonds, die in Deutschland zum Vertrieb zugelassen sind, vorhanden sein sollten. Zuerst erfolgt eine Performance-Analyse über verschiedene Zeiträume. In der weiteren Analyse werden nur Fonds berücksichtigt, die in ihrem jeweiligen Segment kontinuierlich den Vergleichsindex und 75 Prozent der Mitbewerber übertroffen haben. Dieses Kriterium reduziert die Auswahl schon erheblich.

Der nächste Schritt ist die Risikoanalyse. Die ausgewählten Fonds werden verschiedenen Risikoberechnungen unterzogen. Kennzahlen wie Volatilität, Sharpe Ratio, Maximum Draw Down und weitere Risikomaße liefern einen wichtigen Beitrag. Nun liegt es an der Strategie des Fonds-Pickers, wie er die Kennzahlen mit den Performancezahlen verknüpft. Für den einen Fonds-Picker ist die höhere Performance das Anlageziel, ein anderer sieht die Verlustbegrenzung als oberste Maxime. Fragen Sie genau nach, welche Strategie Ihr Fonds-Picker verfolgt, und vergleichen Sie, ob diese mit Ihren Anlagezielen übereinstimmt.

Eine detaillierte Qualitätsanalyse sollte sich anschließen. Dabei wird die Qualität des Fondsmanagers oder des Teams beurteilt. Kriterien wie Ausbildung, Erfahrung, Konsistenz und Referenzen liefern hierzu Anhaltspunkte.

Ein wichtiger Punkt ist die Berücksichtigung der Investmentphilosophie der jeweiligen Investmentgesellschaft oder des einzelnen Fonds. Die Ergebnisse verschiedener Managementansätze (Top-down, Bottom-up) differieren in unterschiedlichen Marktphasen erheblich. Hier wirken sich auch das Risikomanagement und eventuelle Absicherungsstrategien aus.

Letztlich muss die tatsächliche Allokation des Fonds überprüft werden, denn kein Fonds ist wie der andere. Wie ist die Länder-, Branchen- und Währungsstruktur und passt diese jeweils zur Einschätzung der Kapitalmärkte? Dieser Analyseprozess muss regelmäßig neu durchgeführt werden, um Abweichungen und Veränderungen erkennen zu können. Fällt ein Fonds irgendwann durch das Raster, sollte er durch einen besseren Fonds ersetzt werden. Die Selektion der erfolgversprechendsten Fonds bedarf eines erheblichen Einsatzes zeitlicher, fachlicher und personeller Ressourcen. Aber nur auf diesem Wege lassen sich langfristig überdurchschnittliche Erträge erzielen.

Tipps zum Fonds-Picking

Ein Fonds-Picking erscheint nur dann wirklich sinnvoll, wenn der Anbieter auf eine Vielzahl von Investmentfonds, im Idealfall auf sämtliche Fonds, zugreifen kann. Aus diesem Grund scheinen die meisten Angebote deutscher Großbanken nicht ideal zu sein, da sie häufig nur hauseigene Fonds nutzen. In der weiten Investmentwelt gibt es nun einmal Spezialisten für ausgewählte Regionen, Länder oder Branchen. Es wäre von den Fondsgesellschaften sicherlich vermessen zu glauben, dass man in allen Bereichen über eine ausgezeichnete Expertise verfügte.

Wichtig ist auch zu wissen, ob ein Fonds-Picker in seinen Entscheidungen wirklich unabhängig ist. So können unter Umständen Managementgesellschaften Druck auf den Verwalter ausüben und ihn von seiner Einschätzung der notwendigen Entscheidungen abbringen. Sehr enge persönliche Kontakte zu Fondsmanagern können aus dem gleichen Grund nachteilig sein.

Berücksichtigen Sie auch die steuerliche Seite. Einige Fonds-Picker sind ständig am Umschichten. Dies kann neben den anfallenden Kosten auch enorme steuerliche Probleme mit sich bringen. Seit 1999 ist die Spekulationsfrist für Kursgewinne auf zwölf Monate verlängert worden, was bedeutet, dass häufiges Umschichten zu einem schlechteren Ergebnis nach Steuern führen kann.

Prinzipiell sollten Sie darauf achten, dass nur in Investmentfonds investiert wird, die auch die deutsche Vertriebszulassung haben. Andernfalls müssen Sie sich mit einer nachteiligen Besteuerung abfinden.

Beachten Sie auch eventuelle Mindestanlagegrenzen. Viele Anbieter haben ein relativ hohes Einstiegsniveau. Man kann sagen, dass das Einstiegsniveau um so höher ist, je individueller und aufwendiger die Depots konstruiert werden. Geringe Einstiegssummen gehen immer mit einer hohen Standardisierung einher.

Klären Sie mit Ihrem Fonds-Picker auch die Ausstiegsmodalitäten. Wie schnell können Sie Ihr Geld liquidieren und fallen beim Ausstieg Gebühren an?

Vermeiden Sie fremdfinanzierte Investitionen! Es klingt natürlich verlockend: Man nehme einen Wertpapierkredit zu fünf bis sechs Prozent Zinsen auf und investiere den Betrag in eine Anlage, die zehn Prozent Rendite erwirtschaftet. Das macht nach Adam Riese rund vier Prozent Gewinn ohne eigenen Kapitaleinsatz.

Doch diese Rechnung kann leicht ins Auge gehen, wenn die Börsenzeiten einmal schlecht sind. Die Kreditgeber können Nachschüsse fordern, wenn die Beleihungsgrenze durch einen Kursrutsch an der Börse unterschritten wird. Sind Sie dazu nicht in der Lage, wird der Kreditgeber einen Zwangsverkauf der Wertpapiere veranlassen und Sie sitzen auf Schulden.

Dachfonds – die Weiterentwicklung der Fondsbranche

Dachfonds sind auf dem Vormarsch. Fast jede Woche kommen neue Fonds auf den Markt. Immer mehr Gesellschaften versuchen, mit neuen Produkten die Kundenwünsche komplett abzudecken. Das hat schon solche Dimension erreicht, dass in Deutschland die Anzahl der Fonds die Zahl der Aktien übersteigt. Doch bietet die Flut von neuen Fonds nur Vorteile für den Anleger und seinen Berater?

Der eigentliche Gedanke der Fondsanlage besteht darin, dem Anleger Arbeit abzunehmen und das Geld professionell zu verwalten. Doch kann der Anleger bei dieser unüberschaubaren Anzahl von Fonds keine fundierte Entscheidung mehr treffen. Das Ergebnis: Frustration bei der Fondsauswahl und eine mögliche Zunahme der Risiken, die der Kunde speziell durch eine Fondsanlage vermeiden wollte.

Die Antwort auf diesen rasant wachsenden Fondsmarkt sind Dachfonds. Da sind Investmentfonds (engl. fund of funds), die keine einzelnen Aktien oder Anleihen kaufen, sondern an anderen Investmentfonds – in diesem Fall Zielfonds genannt – Anteile erwerben. Die Vorteile gegenüber der Direktanlage in Investmentfonds sind vielfältig.

Welche Vorteile Dachfonds bieten

Fundierte und gezielte Chancennutzung

Bei Dachfonds findet eine professionelle Auswahl und Beobachtung der Investmentanlage statt. Sie beschäftigen sich grundsätzlich mit Marktsegmenten, Themen, Trends und Strömungen und beobachten hier die jeweils besten Fondsmanager und Investmentgesellschaften. Eine strukturierte Analyse der gefilterten und verdichteten Daten führt zu einer „Top-Fonds"-Auswahl der Zielfonds. So kann ein Dachfondsmanager durch sein spezialisiertes Know-how und seine Erfahrung die Chancen verschiedenster Marktphasen ausnutzen und das Geld des Dachfonds gezielt anlegen.

Es gibt z. B. immer wieder Phasen, in denen sich bestimmte Branchen besser entwickeln als andere. Der Profi spricht dann von Branchenrotation. Oder ein paar Monate lang sind Small Caps gefragt, danach wieder Blue Chips. Ein guter Dachfondsmanager nutzt in seinen Sektoren- und Anlagestilanalysen gezielt diese Entwicklungen.

Verbessertes Risikoprofil durch breitere Streuung

Die ursprüngliche Idee eines Fonds war die Risikostreuung. Ein Anleger konnte mit dem Kauf eines Fonds an der Kursentwicklung von vieler Aktien teilhaben, ohne das Risiko des Kursverlusts einer einzelnen Aktie verkraften zu müssen. Durch die zunehmende Spezialisierung der Fonds nehmen auch die Risiken wieder zu. Branchenfonds werden immer spezialisierter aufgelegt. Ein Dachfonds stellt hingegen wieder eine breitere Risikostreuung her.

Zugriff auf sämtliche in Deutschland zugelassene Investmentfonds

Ein Hauptvorteil von Dachfonds besteht in der Möglichkeit, aus allen in Deutschland zugelassenen Fonds die besten auszuwählen. Einige unabhängige Dachfonds, deren Fondsmanager an kein Institut gebunden sind und keinerlei Vorgaben oder Quoten haben, bestimmte Zielfonds kaufen zu müssen, nutzen diese Chance. Wenn es dem Dachfondsmanagement richtig erscheint, kann es den Dachfonds von der ganzen Palette an Zielfonds zusammenstellen.

■ Nutzen Sie nur solche Dachfonds, die auf alle in Deutschland zugelassene Investmentfonds zugreifen und nicht nur auf hauseigene. Sonst vergeben Sie sich einen Hauptvorteil der Dachfondsidee. ■

Diszipliniertes Anlageverhalten

Obwohl Investmentfonds eine Langfristanlage sein sollten, halten die wenigsten Anleger ihre Anteile länger als vier Jahre. Die meisten verhalten sich prozyklisch: Sie kaufen Anteile bei hohen Preisen und verkaufen sie bei der nächsten vermeintlichen Krise zu niedrigen Preisen. Häufig werden diese

Fehlentscheidungen durch reißerische Berichterstattungen im Fernsehen oder einen vermeintlich heißen Tipp des Nachbarn ausgelöst.

Ein Dachfondsmanager versucht, solche groben Fehler zu vermeiden, und untersucht in jeder Krisensituation die Ursachen und möglichen Konsequenzen. Der direkte Kontakt zum Fondsmanagement der einzelnen Zielfonds gewährleistet einen effizienten Informationsaustausch und unterbindet ein voreiliges Handeln.

Ein Dachfonds spart Zeit und Kosten

Ein Anleger hat in der Regel keine Zeit, um die über 4 000 Fonds selbst zu überprüfen. Der Dachfondsmanager nimmt ihm diese Arbeit ab. Er überprüft das Management, die Strategie und die bisherige Leistung der Zielfonds und die Bonität der Fondsgesellschaften.

Ein Dachfonds kauft meistens Fondsanteile für mehrere Millionen Mark. Da die Fondsgesellschaft dann weitaus weniger Aufwand hat als mit Privatanlegern, wird in der Regel dem Dachfonds ein bedeutender Teil der jährlichen Verwaltungsgebühr zurückerstattet. Bei fairen Dachfonds fließen diese zurückerstatteten Gelder letztlich wieder den Anlegern zu.

■ Im Verkaufsprospekt wird angegeben, wie mit diesen Rückerstattungen verfahren wird. Achten Sie darauf, dass diese Gelder dem Fondsvermögen zufließen. Dies kann bis zu einem Prozent Renditevorteil pro Jahr ergeben. ■

Ein Anleger kauft meistens mehr als einen Fonds. Pro Fonds fällt ein Ausgabeaufschlag an. Wenn der Anleger einen Fonds austauschen will, muss er für den Fonds normalerweise erneut einen Ausgabeaufschlag bezahlen. Beim Dachfonds zahlt er diesen Ausgabeaufschlag nur einmal und danach nie wieder, solange er den Dachfonds hält. Da der Dachfonds als Großanleger gilt, muss er keine Ausgabeaufschläge für die Zielfonds bezahlen – egal wie oft er Fonds umschichtet! Auch hier besteht ein geldwerter Vorteil.

■ Schon mit kleinen Summen können Sie bei Dachfonds alle Vorteile einer Vermögensverwaltung für sich nutzen. Und zwar mit geringen Mindestbeiträgen! Häufig können Anleger schon ab 5 000 DM oder 100 DM monatlich diese professionelle Verwaltung genießen. ■

Mit Dachfonds Steuern sparen

Jeder spart gern Steuern! Bei Aktien und Fonds braucht man keine Steuern auf die Kursgewinne zu zahlen, solange man die Anteile länger als ein Jahr hält. Werden die Anteile innerhalb eines Jahres verkauft, müssen die Kursgewinne versteuert werden. Bei Dachfonds ist das anders. Ein Dachfonds kann Anteile eines Zielfonds auch kurzfristig verkaufen, ohne die Kursgewinne versteuern zu müssen. Der Anleger, der Dachfondsanteile länger als ein Jahr hält, bekommt die vollen im Dachfonds kurzfristig erzielten Kursgewinne – ohne darauf Steuern zahlen zu müssen!

Checkliste: Richtige Auswahl bei Fonds-Pickern

■ Verfügt der Fonds-Picker oder Fonds-Vermögensverwalter über eine Zulassung durch das BAKred und ist er beim EDW gemeldet? (entfällt beim Dachfonds)	❐
■ Wie hoch sind die Einstiegsgebühren und die folgenden laufenden Kosten? Lässt die Kostenstruktur eine realistische Gewinnaussicht überhaupt zu?	❐
■ Was für eine Expertise kann der Fonds-Picker vorweisen? Hat er einen guten Ruf?	❐
■ Welche Ergebnisse hat der Verwalter in der Vergangenheit erwirtschaftet? Wurden die Kosten dabei berücksichtigt? War er damit besser als die Benchmark (der Vergleichsindex)?	❐
■ Können die Ergebnisse testiert werden?	❐
■ Hat der Fonds-Picker eine klare Anlagestrategie und passt diese auch zu Ihren Anlagezielen?	❐
■ Auf welche Fonds kann der Fonds-Picker zugreifen? Stehen ihm alle in Deutschland zugelassenen Investmentfonds zur Verfügung oder kann er nur auf die Produktpalette eines Anbieters zugreifen?	❐
■ Wird das Depot bei einem seriösen Kreditinstitut geführt und wer hat Zugriff auf dieses Depot? (entfällt beim Dachfonds)	❐
■ Stellt der Verwalter ein gutes Reporting zur Verfügung?	❐

■ Erhalten Sie laufende Markt- und Kontoinformationen sowie eine Steuerinformation zum Jahresende?	❐
■ Sind Sie an eine Mindestlaufzeit gebunden und wie schnell können Sie über Ihre Anlage verfügen?	❐
■ Dachfonds sollten eine deutsche Vertriebzulassung haben.	❐

Auslandsfonds – eine Bereicherung für den Anleger

Interessante Anlagealternativen – aber längst nicht jeder Auslandsfonds ist wirklich empfehlenswert. Wer nicht aufpasst, ist schnell in der Steuerfalle. Wir sagen Ihnen, worauf Sie beim Kauf unbedingt achten sollten.

Was sind Auslandsfonds?

Auslandsfonds rücken zunehmend in das Blickfeld deutscher Fondsanleger, die bisher mit heimischer „Hausmannskost" nicht immer verwöhnt wurden. Unter ausländischen Investmentfonds versteht man solche Fonds, die nicht von einer deutschen, sondern von einer Kapitalanlagegesellschaft (KAG) mit ausländischem Firmensitz aufgelegt werden. Dies können „echte" ausländische KAGs beispielsweise aus den USA, Großbritannien oder der Schweiz sein, aber auch ausländische Tochtergesellschaften deutscher Banken oder Versicherungsgesellschaften.

Fast jedes deutsche Kreditinstitut verfügt über eine ausländische Tochtergesellschaft, die meistens in Luxemburg beheimatet ist. Einige Beispiele von deutscher Großbanken zeigt die unten stehende Tabelle.

Deutsche Banken und ihre Fonds-Töchter

Bank	Deutsche KAG	Ausländische KAG
Deutsche Bank	DWS	DWS Investment S.A.
Dresdner Bank	DIT	DIMS, dam
Commerzbank	ADIG	A.L.S.A.
Hypo-Vereinsbank	Activest	Activest Lux.
Sparkassen	Deka	Deka International S.A.
Volksbanken	Union	Union Investment Lux S.A.

Es gibt allerdings auch ausländische Investmentgesellschaften, die bereits seit einigen Jahren ihre Investmentfonds aktiv dem deutschen Anleger anbieten. Dazu gehören so renommierte und bekannte Namen wie Templeton, Pioneer und Fidelity aus den USA oder Fleming und Mercury aus Großbritannien. Diese Gesellschaften haben sich im deutschen Anlegerkreis bereits einen gewissen Bekanntheitsgrad erschaffen, einerseits durch gute Ergebnisse ihrer Fonds und andererseits durch gezielte Marketingmaßnahmen.

Welche Bedeutung haben Auslandsfonds in Deutschland?

Der Marktanteil der „echten" Auslandsfonds ist sehr schwer zu schätzen, denn nur wenige Investmentgesellschaften veröffentlichen regelmäßig ihren Absatzerfolg. Man könnte die Vermutung hegen, dass die Gesellschaften lieber das Handtuch des Schweigens überwerfen, um nicht den mangelnden Erfolg publizieren zu müssen.

Nach Schätzungen von Branchenkennern dürften ausländische KAGs – ausgenommen die ausländischen Töchter deutscher Gesellschaften – einen Marktanteil von zehn bis 15 Prozent erzielen, wobei wiederum rund 90 Prozent dieses Volumens auf die fünf größten Anbieter verteilt wird. Das Gros der ausländischen KAGs spielt demnach bisher fast keine Rolle am deutschen Fondsmarkt. Trotzdem drängen immer mehr Fondsgesellschaften auf den deutschen Markt. Für den deutschen Anleger kann dies nur positiv sein, denn das Spektrum und die Auswahl vergrößern sich ständig. Über 4 000 Publikumsfonds werden mittlerweile offeriert.

Ein Neueinsteiger macht Furore

Trotz der Enge des Marktes hat 1998 eine britische Investmentgesellschaft einen furiosen Einstieg in Deutschland erzielt. Im April des Jahres wagte die britische Investmentgesellschaft Threadneedle einen Schritt, der von vielen Mitbewerbern skeptisch beurteilt wurde: Sie brachte als erstes Unternehmen Fonds in der neuen Rechtsform der Open-ended Investment Company (OEIC) nach Deutschland. Etwa acht Monate später verbuchte Threadneedle allein in Deutschland mit den neuen Fonds einen Nettomittelzufluss von rund 244 Mio. DM. Das so schnell erreichte Neugeschäft machte Threadneedle zu einem der führenden ausländischen Fondsanbieter in Deutschland. Nach Einschätzung von Marktbeobachtern geriet der Start in Deutschland zum erfolgreichsten Marktauftritt einer ausländischen Fondsgesellschaft, den es je auf diesem Markt gegeben hat.

Weitere Neueinsteiger folgen

Im Frühjahr 2000 startete nun ein weiterer amerikanischer Fondsanbieter eine Angebotsoffensive in Deutschland. Grund war, dass der Investmentmarkt in den USA langsam an der Sättigungsgrenze anzugelangen scheint. Da bietet sich Europa mit seinem enormen Nachholpotenzial natürlich an. Janus wurde 1970 von dem amerikanischen Analysten Tom Bailey in

Denver, Colorado, gegründet. Die Fondsgesellschaft gehört mittlerweile zu den am stärksten wachsenden US-Investmenthäusern. Das verwaltete Volumen an Kundengeldern betrug zum Jahresende 1999 über 606 Mrd. DM. Die Mittelzuflüsse in die Janus-Fonds sind deutlich höher als bei den bekannten Mitbewerbern Fidelity und Vanguard.

Der Erfolg von Janus lässt sich an zwei Faktoren festmachen: Performance und Konstanz. Die Fonds räumten in Amerika reihenweise erste Preise und Auszeichnungen ab. Die gesamte Janus Fondsfamilie erzielte über zehn Jahre eine durchschnittliche Performance von 20,4 Prozent p.a. und landete damit klar auf Platz eins bei der Bewertung von Forbes. Diese beeindruckende Performance kommt insbesondere durch eine hohe Konstanz im Fondsmanagementteam zustande. Die meisten Fondsmanager sind schon über zehn Jahre für das Institut tätig – und das mit besonderem Erfolg.

Nun möchte Janus auch die deutschen Anleger im Sturm erobern. Dazu wurden zehn der erfolgreichsten US-Fonds in Irland gespiegelt und neu aufgelegt. Das Fondsmanagement und die Investmentphilosophie unterscheiden sich nicht voneinander. Janus managt alle Fonds aktiv und orientiert sich nicht an einem Index. Auf der Basis eines fundamentalen Research werden über exakte Finanzmodelle und umfassende Firmenbesuche die Erfolg versprechenden Wachstumsunternehmen identifiziert. Regelmäßige Anschlussuntersuchungen stützen die Kaufentscheidungen. Begleitet von einer großen Marketingkampagne dürfte Janus in Deutschland bald zu den bekannten Geldverwaltern zählen.

Sind Auslandsfonds besser?

Die Meinungen über die Qualität von Auslandsfonds gehen sehr weit auseinander. Während einige die angeblich grundsätzlich bessere Performance der Auslandsfonds feiern, unterstellen andere den Auslandsfonds höhere Risiken. Grundsätzlich müssen Auslandsfonds weder besser noch riskanter sein als ihre deutschen Pendants.

Bei langfristigen Betrachtungen schneiden ausländische Fondsgesellschaften häufig besser ab als heimische Fonds. Wenn Sie vor 20 Jahren jeweils 10 000 DM in den Templeton Growth Fund und den DekaSpezial – beides internationale Aktienfonds – investiert hätten, könnten Sie sich bei dem Flaggschiff der amerikanischen Templeton-Gruppe über einen Betrag von 194 839 DM freuen. Die 75 996 DM, die der DekaSpezial erwirtschaftete, begeistern vergleichsweise nicht besonders.

Diese gravierenden Unterschiede lassen sich durch die längere und weitreichendere Erfahrung angloamerikanischer Gesellschaften begründen. Bereits 1868 wurde der erste Investmentfonds von der britischen Gesellschaft Foreign Colonial aufgelegt. Der erste deutsche Fonds erblickte in Deutschland erst 1950 das Licht der Welt. Doch in den letzten Jahren kann man eindeutig feststellen, dass deutsche Investmentgesellschaften gegenüber ihrer ausländischen Konkurrenz deutlich aufgeholt haben. Neben einer veränderten Anlagementalität trägt die Globalisierung und damit Übernahmen renommierter ausländischer Investmenthäuser durch deutsche Gesellschaften erheblich zur Verbesserung der Anlageergebnisse bei.

Betrachten wir einige Ergebnisse der letzten drei und fünf Jahre, Zeiträume, die aussagekräftiger sind als 1- oder 20-Jahres-Ergebnisse. Sieben der zehn besten Fonds im Fünf-Jahres-Bereich kommen aus deutschen Landen, ein Ergebnis, das auf den ersten Blick erstaunt.

Global-Aktienfonds: Deutsche Gesellschaften führend

Fondsname	KAG	3 Jahre*	5 Jahre*
SMH-International-UBS	UBS	49,1	41,4
Dt. Vermögensbildungsfonds I	DVG	50,1	39,5
Dt. Vermögensbildungsfonds A	DVG	33,8	38,8
ACM International Global Growth Trends	ACM	40,1	36,8
Metzler Wachstum International	Metzler	41,1	36,4
DekaSpezial	Deka	43,7	34,7
Intervest	DWS	39,4	33,0
Fidelity International Fund	Fidelity	33,6	32,8
Interglobal	DIT	36,1	32,1
Oppenheim Topic Global	Oppenheim	34,1	32,1
*Ergebnisse nach BVI in Prozent p.a., Stand 04/00			
Quelle: FCS Fondsservice			

Bei den Investmentfonds, die ihren Anlageschwerpunkt bei europäischen Aktien haben, sieht die Situation völlig anders aus. Auf den ersten zehn Plätzen finden wir diesmal ausschließlich ausländische Fondsgesellschaften.

Europäische Aktienfonds: Briten und Amerikaner konkurrenzlos

Fondsname	KAG	3 Jahre*	5 Jahre*
TIF European Select Growth Fund	Threadneedle	39,2	43,2
Invesco GT Pan European Enterprise	Invesco	42,5	42,7
Gartmore Continental Europe Fund	Gartmore	42,0	41,4
Invesco GT Pan European	Invesco	42,7	39,6
UBS EF SmCap Europe	UBS	50,6	38,7
SunLife European Growth	SunLife	47,4	38,6
Baring European Select Trust	Baring	28,8	38,4
Fleming FFF European SmCo	Fleming	41,0	38,0
Schroders European SmCo	Schroders	36,6	37,9
Invesco GT Continental Europe	Invesco	38,0	37,7

*Ergebnisse nach BVI in Prozent p.a., Stand 04/00

Quelle: FCS Fondsservice

Ebenfalls wenig erfolgreich schneiden deutsche Fonds ab, die sich auf asiatische Aktien als Anlageschwerpunkt konzentrieren. Unter den Top Ten der Fonds mit Schwerpunkt Asien konnte finden wir keinen reinrassigen deutschen Fonds.

Asiatische Aktienfonds: Invesco dominiert

Fondsname	KAG	3 Jahre*	5 Jahre*
Invesco GT Japan Enterprise	Invesco	62,6	42,4
Invesco GT Japan OTC	Invesco	62,2	39,8
Mercury MST Japan Opportunities Fund	Mercury	58,8	38,1
Fleming FFF Pacific Fund	Fleming	45,5	35,8
Invesco GT Nippon Enterprise	Invesco	58,9	30,0
Baring HongKong/China	Baring	16,1	28,9
Fleming FFF Japanese SmCo Fund	Fleming	53,4	27,4
Dresdner RCM Hong Kong	DIMS	9,1	26,3
Invesco GT Greater China Opps	Invesco	10,6	25,1
Invesco GT Hong Kong	Invesco	8,7	24,1
*Ergebnisse nach BVI in Prozent p.a., Stand 04/00			
Quelle: FCS Fondsservice			

Können wir aus diesen Ergebnissen schließen, dass Auslandsfonds den deutschen Fonds überlegen sind? Nein, nicht grundsätzlich. Es gibt auch Segmente, in denen deutsche KAGs regelmäßig glänzen können. Dazu gehören deutsche Rentenfonds oder deutsche Aktienfonds.

Fazit: Ausländische Investmentfonds bieten nicht automatisch eine bessere Performance als ihre deutschen Mitbewerber. Vergleichen Sie die Ergebnisse mehrerer Perioden, um den Erfolg eines Fondsmanagements besser beurteilen zu können. In exotischen Märkten verfügen ausländische Fondsgesellschaften häufig über eine längere Erfahrung und bessere Kontakte, was dann häufig zu herausragenden Ergebnissen führt.

Welche Vorteile bieten ausländische Fonds?

Außerhalb Deutschlands gelten andere Investmentgesetze. Das luxemburgische Investmentgesetz beispielsweise lässt den dort ansässigen Fondsgesellschaften etwas mehr Freiheiten als das deutsche Gesetz, obwohl auch dort dem Sicherheits- und Informationsbedürfnis der Anleger voll entsprochen wird. Dies führt dazu, dass einzelne innovative Fondskonstruktionen, wie z. B. Laufzeit- oder Garantiefonds, bisher nicht direkt von einer deutschen Fondsgesellschaft, sondern von deren luxemburgischer Tochter auf den deutschen Markt gebracht werden. Das luxemburgische Investmentgesetz unterscheidet sich u. a. in folgenden Punkten vom deutschen Investmentgesetz:

- Garantiefonds dürfen aufgelegt werden.
- Die Anlagerichtlinien bezüglich des Einsatzes von Derivaten sind weiter gefasst.
- Die Gebührenstruktur ist flexibler, so darf auch eine Rücknahmegebühr erhoben werden.
- Investmentfonds dürfen – in gewissen Grenzen – stärker in andere Fonds investieren.
- Es gilt keine Höchstgrenze für den Erstausgabepreis eines Fondsanteils.
- Es muss nicht börsentäglich eine Bewertung stattfinden, sondern nur mindestens zweimal monatlich.

Für ausländische Fonds gelten strenge Regeln

Ausländische Fonds, die in Deutschland angeboten werden, sind durch ein gesondertes Recht geregelt: das 1969 verabschiedete „Gesetz über den Vertrieb ausländischer Investmentanteile und über die Besteuerung der Erträge aus ausländischen Investmentanteilen" (Auslandinvestment-Gesetz, AuslInvestmG). Es setzt an der Schnittstelle zwischen ausländischer Investmentgesellschaft und deutschen Belangen an, nämlich beim Vertrieb der Anteile. Es regelt, welche Fonds hier vertrieben werden dürfen und wie die Auslandsfonds-Anleger in Deutschland besteuert werden. Das Auslandinvestment-Gesetz enthält z. B. folgende Regelungen:

- Definition für „ausländische Investmentanteile“,
- Voraussetzungen für den Vertrieb ausländischer Investmentanteile,
- Anforderungen an den Inhalt des Verkaufsprospekts und der Rechenschaftsberichte, die jeweils in deutscher Sprache veröffentlicht werden müssen,
- Verpflichtung, eine deutsche Zahlstelle einzurichten, über die deutsche Anleger sämtliche Zahlungen in DM/Euro abwickeln können,
- Besteuerung von Investmentfonds,
- Befugnisse und Prüfungsmöglichkeiten der Bankaufsichtsbehörde.

Was passiert, wenn ein Fonds gegen die Regeln verstößt?

Wenn ein ausländischer Fonds grob gegen die Regeln des Auslandinvestment-Gesetzes verstößt, wird er zunächst von der Aufsichtsbehörde verwarnt und schlimmstenfalls wird der Vertrieb in Deutschland untersagt. Sie können also getrost davon ausgehen, dass ausländische Fonds zum einen ihrer eigenen Aufsichtsbehörde im Auflageland unterliegen und außerdem noch die Regelungen des Auslandinvestment-Gesetzes einhalten müssen. Voraussetzungen dafür sind, dass der ausländische Fonds dem Auslandinvestment-Gesetz unterliegt und der Fonds die Anteile in Deutschland öffentlich vertreiben darf.

■ Anleger müssen vor ausländischen Investmentfonds nicht zurückschrecken. Diese sind zwar durch ein anderes Gesetz als deutsche Fonds geregelt, aber jene Gesetze sind genauso zuverlässig wie unsere. ■

EU-Investmentrecht bietet europaweiten Anlegerschutz

Deutschland ist nicht erst seit dem Euro ein Teil von Europa. Die europäische Investmentgesetzgebung spielt hier eine wichtige Rolle. Das Investmentwesen wurde sogar schon vor der Realisierung des allgemeinen europäischen Binnenmarktes harmonisiert. Bereits im Dezember 1985 verabschiedete der EU-Ministerrat den „Richtlinien-Vorschlag zur Koordinierung der Rechts- und Verwaltungsvorschriften betreffend die Organismen für gemeinsame Anlagen in Wertpapieren", die berühmte EU-Investmentdirektive 85/61 1/EWG. Sie stellt europaweit ein Mindestmaß an Anlegerschutz dar. So kommt es, dass sich die Investmentgesetze in den einzelnen europäischen Staaten sehr ähnlich sind, da sie alle auf der EU-Investmentdirektive beruhen. Nur in einzelnen Vorschriften unterscheiden sie sich und außerdem sind die Rechtsformen für Investmentfonds aufgrund unterschiedlicher historischer Traditionen in den einzelnen europäischen Ländern verschieden. Jeder Investmentfonds, der in einem EU-Mitgliedsland zugelassen ist und der EU-Investmentdirektive entspricht, kann nun in jedem anderen EU-Mitgliedstaat vertrieben werden. Dies entspricht der Idee des einheitlichen europäischen Marktes. Der Fonds muss lediglich der Aufsichtsbehörde im Vertriebsland (in Deutschland: das Bundesaufsichtsamt für das Kreditwesen) seinen Vertriebswunsch anmelden. Die Themenbereiche Vertrieb und Besteuerung dürfen aber vom jeweiligen Vertriebsland geregelt werden.

Wie ausländische Fonds besteuert werden

Die Besteuerung von ausländischer Aktienfonds regelt das Auslandinvestment-Gesetz. Darin werden ausländische Fonds in drei Kategorien eingeteilt. Die Besteuerung unterscheidet sich hier erheblich.

Kategorie 1: Registrierte Auslandsfonds

Zur ersten Kategorie der Auslandsfonds gehören diejenigen, die ihren öffentlichen Vertrieb in Deutschland beim Bundesaufsichtsamt für das Kreditwesen in Berlin angezeigt haben. Hierzu müssen ausländische Fonds, die nicht der EU-Investmentdirektive entsprechen (z. B. Fonds aus den USA wie Templeton Growth Fund, Pioneer Fund), ein sehr aufwendiges Anzeigeverfahren nach § 7 des Auslandinvestment-Gesetzes durchlaufen und Fonds, die der EU-Investmentdirektive entsprechen (z. B. Mercury MST European Opportunities Fund,

Fidelity International Fund) nur ein weniger aufwendiges Verfahren nach § 15c Auslandinvestment-Gesetz.

Das Besteuerungsprinzip für deutsche und ausländische Fonds, die zum öffentlichen Vertrieb ihrer Anteile zugelassen sind, ist dasselbe: Zins- und Dividendenerträge sind zu versteuern, Kurssteigerungen sind nach der Spekulationsfrist von zwölf Monaten steuerfrei. Daher macht es steuerlich keinen Unterschied, ob ein Fonds in Deutschland oder im Ausland beheimatet ist, und es spielt auch keine Rolle, ob es sich bei einem ausländischen Fonds um einen Fonds handelt, welcher der EU-Investmentdirektive entspricht (OGAW-Fonds), oder um einen außereuropäischen (nicht-OGAW-)Fonds.

Kategorie 2: Nicht registrierte Auslandsfonds

Auslandsfonds, die der zweiten Kategorie angehören, dürfen ihre Anteile in Deutschland nicht öffentlich anbieten. Solche Fonds dürfen von einem Vermittler oder einer Bank nur einem bereits bekannten Kundenkreis angeboten werden, auch bekannt unter dem Begriff „private-placement". Öffentliche Werbung in Zeitungen, Zeitschriften oder im Fernsehen dürfen sie nicht betreiben.

Obwohl sie nicht zur ersten Kategorie gehören, müssen Auslandsfonds der zweiten Kategorie ihr Ergebnis nach deutschen Besteuerungsgrundlagen aufschlüsseln und sie benötigen außerdem einen Finanzvertreter, der sie in Deutschland gegenüber den Finanzbehörden vertritt. Diese Aufgabe übernehmen häufig Treuhandgesellschaften.

Sie sind insofern schlechter gestellt als die Fonds der ersten Kategorie, da deutsche Anleger hier neben den Zins- und Dividendenerträgen auch die realisierten Kursgewinne des Fonds, die meist den größten Teil des Wertzuwachses ausmachen, versteuern müssen. Als steuerlicher Zuflusszeitpunkt gilt das Ende des Geschäftsjahres.

Kategorie 3: Alle übrigen Auslandsfonds

Die Fonds der dritten Kategorie erfüllen die strengen Kriterien der ersten und zweiten Kategorie nicht, das heißt, sie haben beispielsweise keinen Finanzvertreter bestellt oder weisen ihre Besteuerungsgrundlage nicht ordnungsgemäß nach. Die Fonds der dritten Kategorie dürfen, genau wie die Fonds der zweiten Kategorie, in Deutschland nicht öffentlich für ihre Anteile Werbung betreiben.

Da die deutschen Steuerbehörden zu diesen Fonds keine genauen Erträgnisinformationen erhalten, muss hier pauschal besteuert werden, und dabei geht der Fiskus nicht gerade zimperlich vor. Bei Auslandsfonds der dritten Kategorie sind daher zu versteuern:

- die tatsächliche Ausschüttung des Fonds,

- 90 Prozent des Wertzuwachses in jedem Kalenderjahr, wobei mindestens zehn Prozent vom Anteilswert per Jahresende angesetzt werden,
- bei Anteilsverkauf zusätzlich 20 Prozent des Verkaufserlöses.

Dies bedeutet, dass hier auch die nicht realisierten Kursgewinne des Fonds besteuert werden und dass auch in Verlustjahren noch mindestens zehn Prozent des Wertes als fiktiver Ertrag besteuert werden. Als steuerlicher Zuflusszeitpunkt gilt hier das Ende des Kalenderjahres. Das Geschäftsjahr spielt keine Rolle.

Diejenigen Auslandsfonds, die in Deutschland nicht zum öffentlichen Vertrieb ihrer Anteile berechtigt sind, werden hier steuerlich sehr ungünstig behandelt. Sie sollten sie daher meiden. Konzentrieren Sie sich auf Auslandsfonds der 1. Kategorie.

Beispiel: Steuerliche Behandlung von Auslandsfonds

In diesem Beispiel gehen wir davon aus, dass Sie jeweils 100 000 DM in einen Auslandsfonds der jeweiligen Kategorie investieren. Zur Vereinfachung gehen wir bei allen drei Fonds von der gleichen Performance (Vor-Steuer-Ergebnis) aus und treffen die Annahmen, dass die Spekulationsfrist eingehalten wird und Ihre Zinsfreibeträge bereits ausgeschöpft sind.

Besteuerung von Auslandsfonds: Riesige Unterschiede

Einkünfte des Fonds in einem Jahr	Ergebnis	Auslandsfonds 1. Kategorie	Auslandsfonds 2. Kategorie	Auslandsfonds 3. Kategorie
Zinserträge	1 000 DM	1 000 DM	1 000 DM	1 000 DM
Dividenden	1 500 DM	1 500 DM	1 500 DM	1 500 DM
Realisierte Kursgewinne	4 000 DM	0 DM	4 000 DM	3 600 DM
Nicht realisierte Kursgewinne	5 500 DM	0 DM	0 DM	4 950 DM
Zu versteuernder Gesamtbetrag	–	2 500 DM	6 500 DM	11 050 DM (mind. 10 000 DM auch im Verlustfall)
Betrachtungszeitraum	–	Geschäftsjahr	Geschäftsjahr	Kalenderjahr
Zu versteuern beim Verkauf der Fondsanteile	–	Aufgelaufener Zwischengewinn	Aufgelaufener Zwischengewinn	Aufgelaufener Verkaufserlöses

Das Beispiel macht deutlich, dass Auslandsfonds eine extrem unterschiedliche steuerliche Behandlung erfahren, je nach Zugehörigkeit einer Kategorie. Beachten Sie deshalb folgende Checkliste beim Kauf von Auslandsfonds:

Checkliste: Besteuerung von Auslandsfonds

- Fragen Sie Ihren Berater oder die Investmentgesellschaft vor dem Kauf von Fondsanteilen, ob der Fonds die Zulassung zum öffentlichen Vertrieb hat.
- Vorsicht: In diversen Ranglisten von Printmedien tauchen immer wieder Auslandsfonds der 2. oder 3. Kategorie zwischen den zugelassenen Fonds auf. Eine Kursveröffentlichung bedeutet nicht automatisch, dass der Fonds zugelassen ist.
- Falls Sie ausländische Fondsanteile in einem inländischen Depot verwahren, müssen Sie daran denken, einen Freistellungsauftrag zu erteilen.
- Ist Ihr Freibetrag ausgeschöpft, können Sie überlegen, ob Sie die Fondsanteile in einem ausländischen Depot oder direkt bei der Investmentgesellschaft verwahren lassen möchten. Dort wird der Zinsabschlag nicht automatisch vorgenommen, sondern Sie müssen die steuerpflichtigen Erträge erst in Ihrer Einkommensteuererklärung angeben. Sie haben somit einen Zeit- und Zinsvorteil.
- Die ausländische Investmentgesellschaft erstellt jährlich eine Erträgnisaufstellung zu den steuerpflichtigen Erträgen. Diese Angaben sind für Ihre Steuererklärung bestimmt.

Wo Sie Auslandsfonds erhalten

Bank oder Sparkasse

Der erste Weg, den viele Geldanleger einschlagen, ist der zur eigenen Hausbank. Sie müssen sich jedoch bewusst sein, dass bei der Bankberatung ein Problem auftritt: Bankangestellte müssen in erster Linie die hauseigenen Investmentfonds anbieten, und die müssen nicht immer die Besten sein. Häufig sind Banken nicht willens oder nicht in der Lage, ausländische Fonds zu beschaffen. Achten Sie auf jeden Fall darauf, dass Ihre Bank keine zusätzlichen Kaufspesen für Fremdfonds berechnet. Einige Banken öffnen sich jedoch langsam – auf Druck der Anleger – gegenüber ausländischen Fonds.

Unabhängige Fondsberater

Es gibt auch spezialisierte Berater für Investmentfonds. So genannte Fondsshops oder Fondsboutiquen bieten eine sehr große Auswahl an in- und ausländischen Fonds – im optimalen Fall alle in Deutschland zugelassenen Fonds – an. Neben dem reichhaltigen Angebot verfügen die Fondsberater auch meistens über ein spezialisiertes Know-how und gute Serviceleistungen. Ein Kunde, der eine umfassende Beratung und Betreuung sucht, ist dort im Regelfall gut aufgehoben.

Es gibt einen Spezialverband der unabhängigen Investmentberater, der strenge Aufnahmebedingungen hat. Nur überdurchschnittlich qualifizierte Investmentspezialisten, die eine Zulassung als Finanzdienstleistungsinstitut beim BAKred vorweisen können, dürfen Mitglied werden. Die Adresse eines

BVDI-Mitglieds in Ihrer Nähe erfragen Sie am besten in der Geschäftsstelle des Verbandes:

BVDI e.V., Kieler Str. 357-359, 22525 Hamburg, Tel. 040-545452, Fax 040-545355, Internet: www.bvdi-ev.de

Discountbroker und Direktbanken

Direktbanken werben mit etwas geringeren Kosten und bieten meist eine relativ breite Palette von Fonds verschiedener Gesellschaften an. Durch die Reduzierung der Ausgabeaufschläge sparen Sie anfangs Gebühren, die jedoch häufig längerfristig durch Kostennachteile für Depotführung, Wiederanlage und Umtausch aufgefressen werden. Prinzipiell richten sich Direktbanken an erfahrene Anleger, die eigene Investmententscheidungen treffen und keine Beratung benötigen. Zur Unterstützung der Anlageentscheidungen bieten Direktbanken mittlerweile hilfreiche Online-Analysetools an.

Versicherungsvertreter und Strukturvertriebe

Eine umfassende und qualifizierte Investmentberatung können Sie bei Versicherungsvertretern und Strukturvertrieben nur im Ausnahmefall erwarten. Beide bieten jedoch immer häufiger eine Auswahl von Investmentfonds an, da aufgeklärte Anleger diese Produkte immer stärker nachfragen.

Fondsgesellschaften

Sie können ausländische Investmentfonds auch direkt bei vielen Fondsgesellschaften erwerben. Kostenvorteile beim Ausgabeaufschlag haben Sie nicht. Dafür werden die Fondsanteile meist kostenfrei im Depot verwahrt. Umschichtungsgebühren innerhalb der Fondspalette einer Gesellschaft sind ebenfalls deutlich günstiger als im heimischen Bankdepot. Eine Anlageberatung bieten Investmentgesellschaften nicht an, sie verweisen jedoch häufig an unabhängige Berater.

Adressen von wichtigen Anbietern „echter" Auslandsfonds

Name	Adresse	Telefon/Fax	Internet-Adresse
ACM Fund Services S.A.	35, boul. Prince Henri, L-1724 Luxembourg	00352/463936152; 00352/463936250	www.acm funds.com
Baring Asset Managemet AG	Friedrichstr. 2–6, 60323 Frankfurt	069/71691888; 069/71691899	www.baring-asset.com
Fidelity Investment Services GmbH	Lyoner Str. 24–26 60528 Frankfurt	0800/1813313; 069/233638	www. fidelity.de
Fleming-Fonds Marketing GmbH	Im Trutz Frankfurt 55 60322 Frankfurt	069/9552230; 069/95522316	www. flemings.lu
Gartmore Investment Services GmbH	Friedrichstr. 47 60323 Frankfurt	069/7140050 069/71400555	www. gartmore.com
Invesco Fondsservice GmbH	Bleichstr. 60–62 60313 Frankfurt	069/29807800; 069/29807156	www. invesco.de

Janus World Fund, Plc.	Ballsbridge Centre, Shelbourne Road, Dublin, 4	00800/2456 2457 00353/16376422	www.janus.com
Mercury Asset Management	Neue Mainzer Str. 52 60311 Frankfurt	069/58992400; 069/58994023	www.mam.com
Pioneer Management (Ireland) Ltd.,Niederlassung Deutschland	Hammerbrookstr. 5 20097 Hamburg	0800/0820868; 0800/0820873	www.pioneerfonds.de
Templeton Global Strategic Services (Deutschland) GmbH	Taunusanlage 11 60329 Frankfurt	0800/0738001; 069/27223120	www.templeton.de
Threadneedle Investments	PO Box 1457 Swindon SN1 1FP, (GB)	0044/1793/363900; 0044/1793/363609	www.threadneedle.de

Quelle: R & F GmbH

Stichwortverzeichnis

Investment-fonds

Paul Lauer, Matthias Reinhardt

STS Verlag

Die Deutsche Bibliothek – CIP-Einheitsaufnahme

Lauer, Paul:
Investmentfonds : Leitfaden für Anleger / Paul Lauer ; Matthias Reinhardt. –
Planegg : STS, Standard-Tabellen-und-Software-Verl., 2000
(STS-TaschenGuide ; Bd. 46)
ISBN 3-86027-348-5

ISBN 3-86027-348-5
Bestell-Nr. 00653-0001

ein Unternehmen der Haufe Mediengruppe
Postanschrift: Postfach 13 63, 82142 Planegg
Hausanschrift: Fraunhoferstraße 5, 82152 Planegg
Fon (0 89) 8 95 17-0, Fax (0 89) 8 95 17-2 50
E-Mail: online@haufe.de, Internet: http://haufe.de, http://taschenguide.de
Lektorat: Dr. Ilonka Kunow

Satz + Layout: Satzstudio »Süd-West« GmbH, 82166 Gräfelfing
Umschlaggestaltung: Agentur Buttgereit & Heidenreich, 45721 Haltern am See
Cartoons: Baaske Cartoon, 80803 München: Klaus Espermüller, Heinz Wildi
Druck: J. P. Himmer GmbH & Co. KG, 86167 Augsburg